幽燕长歌

燕国历史文化展

The Long Song of Youyan

An Exhibition of the History and Culture of the Yan State

秦始皇帝陵博物院
天 津 博 物 馆 编

侯宁彬 主编

西 北 大 学 出 版 社

《幽燕长歌——燕国历史文化展》编委会

主　　任　侯宁彬
委　　员（以姓氏笔画为序）
王春法　王润录　方　华　田　静　白　岩　陈　卓　陈志平　张　岩　张文瑞　武天新
罗向军　赵　昆　侯宁彬　侯宏庆　钱　钤　徐春苓　郭向东　梅鹏云　黄雪寅　董亚非
学术顾问（以姓氏笔画为序）
陈　卓　胡金华
主　　编　侯宁彬
副 主 编　郭向东　朱学文　邵文斌
学术文章　黄　娟　张晓峥
撰　　文　黄　娟（正文）
（以姓氏笔画为序）
于力凡　王　琛　方　华　申红宝　闫　娟　张　涛　张永强　李　兵　黄　娟（文物说明）
图　　片　中国国家博物馆　首都博物馆　北京市文物研究所　天津博物馆　元明清天妃宫遗址博物馆
河北省文物研究所　河北博物院　易县燕下都文物保管所　易县博物馆　辽宁省博物馆　南京博物院
摄　　影（以姓氏笔画为序）
王宇新　王志刁　田　楠　孙千翔　朴　识　刘士刚　刘　韫
张京虎　谷中秀　林　利　罗　征　梁　刚　董亚非　靳　挺
制　　图　任　兴　李　芳
翻　　译　西安市邦尼翻译有限公司
审　　译　Shiona Airlie　李秀珍
执行编辑　张　涛　黄　娟
校　　对　黄　娟　张　涛　朱学文　叶　晔　王　锐

展览组织与实施

总 策 划　侯宁彬
项目总监　郭向东
项目负责　朱学文　叶　晔
内容设计　黄　娟　张　涛
形式设计　孙　炜
图　　片　中国国家博物馆　首都博物馆　北京市文物研究所　天津博物馆　元明清天妃宫遗址博物馆
河北省文物研究所　河北博物院　易县燕下都文物保管所　易县博物馆　辽宁省博物馆　南京博物院
翻　　译　西安市邦尼翻译有限公司
审　　译　Shiona Airlie　李秀珍
展览组织　马生涛　郑　宁　等
施工单位　陕西新都博美建设有限公司

目录

Contents

序一

Preface I

秦始皇帝陵博物院是以秦始皇兵马俑博物馆为基础，以秦始皇陵国家考古遗址公园为依托的大型遗址类博物馆；是以秦始皇陵及其环境风貌为主体，基于考古遗址本体及其环境的保护与展示，融合了教育、科研、游览、休闲等多项功能的公共文化空间。经过 40 年的发展，博物院已基本形成了以遗址陈列为主体，以兵马俑、铜车马等陈列为精华，以整体环境风貌为烘托，以临时展览为补充的相对系统的陈列展示体系。

40 年来，秦始皇帝陵博物院（秦始皇兵马俑博物馆）成功举办了多项影响深远的临时展览，拓展了作为世界遗产地的展示内容。目前已基本形成了以秦文化主题展览为核心，以世界古代文明系列展、东周时期地域文化系列展、秦帝国之路系列展、博物院文物科技保护与科学研究成果展等临时展览为补充的展览体系。自 2014 年成功策划“东周时期地域文化系列展”以来，我院先后举办了“萌芽·成长·融合——东周时期北方青铜文化臻萃”“南国楚宝　惊采绝艳——楚文物珍品展”“传承与谋变——三晋历史文化展”“泱泱大国——齐国历史文化展”“水乡泽国——东周时期吴越两国历史文化展”“寻巴——消失的古代巴国”“神秘王国——古中山国历史文化展”和“铜铸滇魂——云南滇国青铜文化展”等展览。这些展览使观众在秦始皇帝陵博物院不仅能领略秦中央集权下的政治、经济、军事和文化等成就，同时对东周时期中华大地上地域文化的发展过程和历史面貌也能有所认知。

燕国是周王朝分封在中国北方的一个重要诸侯国，它藩屏周室、镇抚夷狄，在政治和军事上一直处于重要地位。燕国历经西周、春秋、战国三个历史时期，战国时国势发展到顶峰，成为战国七雄之一。公元前 222 年为秦所灭。燕国历国 800 余年，几迁都城，统治疆域也不断发生变化。大致西起今山西省东北角，北到河北省北部、内蒙古南部，东到辽宁省，都属燕国的势力范围。作为华夏文明的一部分，燕国在漫长的发展过程中留下了丰富的历史遗迹，创造了辉煌的燕文化。

“幽燕长歌——燕国历史文化展”是秦始皇帝陵博物院举办的“东周时期地域

文化系列展”之一，也是2019年我院院庆系列活动的重要组成部分。该展览由秦始皇帝陵博物院与天津博物馆联合主办，120件（组）展品来自中国国家博物馆、首都博物馆、北京市文物研究所、天津博物馆、元明清天妃宫遗址博物馆、河北省文物研究所、河北博物院和易县燕下都文物保管所等收藏、研究机构。展览对燕文化的丰富遗存和最新研究成果进行了集中展示，目的是让观众领略丰富多彩的中华文明，了解和探究神秘燕国极富特色的文化内涵，破解历史之谜。

一个好展览不应随着撤展而结束。我院与天津博物馆联合出版的《幽燕长歌——燕国历史文化展》图录，将120件（组）精美的文物和相关研究成果做了完整记录，希望可以为有志于燕文化赏析和研究的人们提供一份翔实的基础资料，以加深对燕文化的认知和理解。

秦始皇帝陵博物院院长

侯宁彬

2019年6月

序二
Preface II

幽燕故地，人杰地灵，文化一脉，源远流长。燕国的建立，将幽燕地区正式纳入中原王朝的政治版图，使这一地区在政治、经济、文化方面与中原王朝有了更为紧密的联系。燕文化在中原文化与北方草原文化的交流和碰撞、民族融合和文化统一的过程中发挥了极其重要的作用。

从文献资料来看，幽燕地区在商代已活跃着包括燕、肃慎等在内的众多部族。燕国自周初始封至战国末年为秦所灭，历800余年。司马迁在《史记·燕召公世家》中赞叹："召公奭可谓仁矣！甘棠且思之，况其人乎？燕（外）迫蛮貉，内措齐、晋，崎岖强国之间，最为弱小，几灭者数矣。然社稷血食者八九百岁，于姬姓独后亡，岂非召公之烈耶！"然文献中关于燕国的记载寥寥。燕国的历史文化随着河北易县燕下都、北京琉璃河等多处燕国遗存考古工作的开展，逐渐显现出其恢宏独特的面貌。燕承继周文化，同时又在与北方各民族不断的交流融合中，创造出展现中原文化和草原文化相结合面貌的文明。燕国瓦当文化独具风采，可见其建筑之美轮美奂；燕国铜器纹饰写实又不失生动，铸造工艺精彩绝伦。燕文化对周边文化采取包容接纳的态度，疆域之内多元的文化面貌始终共存。

新的历史时期，习近平总书记提出京津冀协同发展的战略决策，指出京津冀"地缘相接、人缘相亲，地域一体、文化一脉，历史渊源深厚、交往半径相宜"。正是在这一思想的指导下，天津博物馆于2017年12月底至2018年3月底推出了原创展览"燕燕于飞——燕国历史文化展"，旨在探索与展现京津冀三地一脉的文化渊源，阐释京津冀协同发展战略深厚的历史基础。

此次，秦始皇帝陵博物院与天津博物馆联合主办"幽燕长歌——燕国历史文化展"，是在此前展览的基础上，对展览大纲及文物做了进一步的丰富与拓展，多角度、多方面地展示燕国、燕地曾经创造的灿烂丰富的一段历史文化。希望本展览能为陕西及全国各地的观众带来一场燕文化的精神盛宴。

最后，对为本展览付出辛劳的两家博物馆的工作人员及关注与支持本展览的机构和个人致以诚挚的谢意，并衷心祝愿展览取得圆满成功！

天津博物馆馆长

陈卓

2019年6月

京津地区燕文化的考古发现

Archaeological Discoveries of Yan Culture in Beijing and Tianjin

天津博物馆馆员　黄　娟

周朝建立后，政治上采取“封建亲戚，以藩屏周”的统治政策。召公因在周朝的建立和稳定方面做出了重要贡献，被分封至北方的燕地建立燕国，以守卫和稳固周王朝的北方边境。关于召公受封燕国的史实，《史记》中的《周本纪》与《燕召公世家》中均有记载。1986 年，北京琉璃河遗址 1193 号墓出土的克罍和克盉两件青铜器的铸铭[1]，为燕国的分封及燕国早期都城所在等问题的解决提供了直接证据，结束了长期以来关于燕国始封地的争论，基本确定了今北京房山董家林古城一带是西周早期燕国的都城所在，第一代燕侯是召公的长子克。燕国的建立对于今京、津所在的北方地区具有重要意义，因为这是中原王朝首次将这一区域纳入其政治版图。

京津地区位于华北平原的北部。这一地区多样的自然地理环境和多民族聚居的特点，使得两周时期燕国疆域内的文化面貌呈现出多元性。从整体来看，燕文化以来自关中的姬周文化为主体，不断吸收和融合燕地的土著文化，以及燕山以北地区的北方草原文化，显示出其不同于其他列国的独特的文化面貌。在 800 余年的立国过程中，燕文化也表现出明显的阶段性。

本文介绍和讨论的燕文化是燕国建立后，在燕国统治疆域内发现的文化遗存。陈平先生指出：“燕文化是我国两周，即西周与春秋、战国时期，与楚、秦、中原（三晋两周）、齐鲁、巴蜀、北方草原等诸考古文化并称的，具有自身特色的地域性考古文化。”[2] 京津地区处于燕文化分布的中心区，其考古材料的特点是西周早期和战国中晚期两个阶段的资料较丰富，而其他时期的资料较少。

一、京津地区西周燕文化的发现与分布

西周燕文化的分布以其都城——房山琉璃河西周遗址为中心，主要分布于燕山南麓地区，包括今北京、天津和河北北部地区。从学者的研究来看，西周燕文化的分布范围与张家园上层文化的分布范围大体重合而略有变化。[3] 应该看到，西周时期，在燕国范围内还存在着相当数量的姬燕类型以外的其他文化类型，其中最有代表性的就是自商末延续至西周早期的张家园上层文化。

燕国建立之前，京津地区自夏至周初的考古学文化以土著文化为主，先后有大坨头文化、围

坊三期文化、张家园上层文化。燕国建立之初，姬燕文化、张家园上层文化及北方草原文化三种因素在这一阶段的燕文化遗存中共存。燕文化对后两者表现出很强的吸收性和融合性，逐渐发展出燕文化的独特面貌。

1. 北京地区

北京地区西周燕文化的发现以琉璃河遗址和镇江营遗址第三、四期遗存为代表。

琉璃河遗址位于北京市西南 43 千米处的房山琉璃河一带，其范围包括董家林、刘李店、黄土坡等 6 个自然村，遗址面积为 5.25 平方千米，是一处包括城址、城外墓葬区和其他遗迹在内的西周时期大型遗址。城址位于遗址中部的董家林村及其附近，面积约 70 万平方米，略呈南北向的长方形。城外有护城河。城内中部偏北处为宫殿区，发现有夯土台基，以及水井、板瓦、筒瓦、陶水管等遗迹和遗物。宫殿区的西南侧有祭祀坑，发现有卜骨及牛马骨等。城内西北部为手工业作坊区和平民生活区。[4] 在城内外的居住遗址中发现多处灰坑、房基、陶窑等遗迹。居住遗址出土的遗物可分为早、晚两期，早期陶器种类丰富，有鬲、甗、簋、鼎等，晚期种类大大减少。发掘者指出，西周早期居住遗址陶器中周文化、商文化、土著文化三种文化因素共存；而晚期遗物中的文化因素则显单一，多为西周中晚期中原地区常见器物，应是燕文化对其他文化因素融合影响的结果。[5] 墓地位于遗址中部的黄土坡村北及古城址以东一带的台地上。除零散发现外，1973—2002 年考古人员先后对墓地进行了三次大规模的发掘，共清理出墓葬 312 座、车马坑 26 处、祭祀坑 3 处。这些墓葬均为竖穴土坑墓，可分为大、中、小型，一般使用木质棺椁葬具，多为南北向单人仰身直肢葬，部分有腰坑及殉狗现象。随葬的青铜器可分为礼器、兵器、车马器和工具等类型，部分铜器上有数量不等的铭文。此外，随葬的还有原始青瓷器、玉器、漆器、象牙等物品。这些墓葬按年代可分为早、中、晚三期。墓葬规模、随葬品内容等方面的差异反映了墓主人生前身份、地位的差别。发掘报告结合殉狗、腰坑等葬俗以及铜器上的铭文等内容，认为这部分墓葬的墓主应为殷遗民。也有学者根据随葬铜礼器和陶器的组合及形制与中原地区同时期周墓的基本一致等内容判断，该墓地应属周文化系统，极少部分因素来自商文化。[6] 关于上述墓主族属的问题，目前仍有争论。但从目前的发掘情况来看，该墓地既有高等级的燕侯墓，也有小型的平民墓，其为燕国公墓地是无疑的。

1986—1990 年，北京市文物研究所对镇江营遗址进行了连续 5 年的发掘。该遗址第三期第二段至第四期第二段的历史年代为西周早期至西周晚期，有房址、灰坑和墓葬三类遗迹，出土器物丰富，有铜、陶、骨、角、牙、蚌、石器等，是有助于我们了解北京地区商周时期土著文化与燕文化关系的一处重要遗址。[7]

除上述两处典型遗址外，北京地区还发现了两处西周时期的墓葬，与燕文化关系密切。

1975 年，昌平白浮村发现西周木椁墓 3 座。[8] M1 被盗，M2 与 M3 出土文物 400 余件，包括青铜礼器、车马器、兵器及卜甲残片等多类文物。这些文物既有西周燕文化同类器物的特点，还有北方草原文化的风格，如鹰首、马首、蘑菇首短剑及铃首刀等。墓地的年代为西周中期。[9] 虽然关于该墓地的文化性质和族属问题目前尚存在争议[10]，但其出土文物包含中原商、周文化及北方草原文化等多种文化因素为学者的共识。

1982年，顺义牛栏山地区出土了一组青铜器，应出自西周初期墓葬中。该组铜器从形制和铭文上看，与房山琉璃河出土的同类器物有密切关系。[11]

2. 天津地区

从已有的考古资料来看，天津北部的蓟州区山地一带在夏商时期已有比较丰富的的文化遗存，反映了当地土著文化的活跃。西周早期的文化遗存主要分布于天津北部的蓟州和宝坻一带。从出土遗物的特征可以看出，以张家园上层文化为代表的土著文化和姬燕文化同时存在，土著文化的影响力仍然较大。现将这一阶段的考古发现择要介绍如下：

（1）青池遗址山顶遗存[12]

该遗址第2～4层为西周时期的青铜文化遗存，遗迹仅见灰坑，出土遗物以陶器和石器为主。出土的深腹、鼓腹、矮足三种陶鬲，以及敞口盆、小口罐、簋、甑、豆等器形是早期燕文化的常见器物。而敛口钵、大口罐等器形则多见于张家园上层文化，体现出土著文化的特色。

（2）蓟州邦均遗址[13]

该遗址经1985年、1986年、1987年三次发掘，发现的遗存有半地穴房址、灰坑和墓葬三类。出土的陶器群中既有张家园上层文化中典型的叠唇高裆柱足鬲、直领加堆纹鬲、方唇折肩罐和钵，也有较多代表西周早期燕文化的折沿浅腹矮足鬲、折沿浅腹尖足弧裆鬲、卷沿绳纹罐和绳纹灰陶簋等器形。

邦均遗址三次发掘发现的西周时期的墓葬不多。这些墓葬的主要特征为俯身直肢葬，东西向，少数随葬有以鼎、簋为组合的青铜礼器以及绿松石类的装饰品，多数无随葬品。其年代约在西周早、中期。

从对上述资料的梳理可以看出，北京与天津两地西周时期燕文化的发现大多集中在西周早、中期；虽然两地出土的这一阶段的遗物都包含燕文化和土著文化的因素，但天津地区土著文化的特色更为突出。琉璃河遗址中西周晚期的遗存已表现为单一的燕文化的特征，而天津地区文化遗存中的土著文化因素在东周时期仍有发现。这一现象应该与西周早期燕国都城位于今北京地区有很大关系。北京地区西周晚期的遗存不多，而天津地区目前几乎为空白。

二、京津地区东周时期燕文化的发现与分布

燕文化的发展在春秋与战国两个阶段表现出明显的差异。春秋时期，燕国不断受到北方少数民族的侵扰，其军事实力或者战斗力也在应对这种军事侵扰的过程中不断增强。《史记·燕召公世家》中“燕（外）迫蛮貉，内措齐、晋，崎岖强国之间，最为弱小，几灭者数矣”的描述，显示了燕国春秋时期的国家状况。历史文献中关于这一时期燕国的记载很少。战国时期，列国之间的兼并战争愈演愈烈。燕国在战国中期逐渐强盛，并开始对外扩张，不断向北及东北开拓疆土，其疆域可至辽东地区。

从目前的考古发现来看，京津地区春秋时期的考古资料仍显薄弱。北京地区春秋时期燕文化的遗存主要分布在今北京西南的房山区，而同期的延庆境内的军都山山前地带则为繁荣的玉皇庙文化。[14]天津地区目前尚未发现明确的春秋时期的燕文化遗存，只有个别遗存的年代或可早至春秋

晚期。京津地区发现的战国时期燕文化遗存的数量大大增加，遗存的类型包括城址、聚落遗址、墓葬及窖藏等，出土遗物的种类也更加丰富多样。这一部分由于考古材料较丰富，因而这里根据遗存的性质对京、津两地的东周燕文化予以介绍。另，由于天津地区大量遗址属于调查资料，为保证材料的完整，详见附表。

1. 城址类遗存

战国时期，燕国三都并存。《史记·货殖列传》载："夫燕亦勃、碣之间一都会也。南通齐、赵，东北边胡。"当时燕国是南北经济、文化交流和民族融合的中心。

燕上都蓟城遗址：多年来在北京西城区发现的多处古瓦井遗迹和战国时期燕文化墓葬及遗物，都属于零散发现。[15] 比较重要的是在北京广安门附近及韩家潭出土的饕餮纹瓦当，其纹饰与燕下都遗址的出土物一致。[16]

燕中都窦店城址[17]：位于房山良乡西南约 10 千米处。经过三次调查和两次试掘，发现战国时期的地层、墓葬和瓮棺葬。窦店古城大城始建于战国早期，在战国晚期进行过一次全面修整。

蓟州南城子遗址[18]：为战国时期燕国的一处城址。城址平面呈方形，系在修整后的方形土台上夯筑四周围墙。北城墙发现城门遗迹，城墙内部有夯土护坡。

宝坻秦城遗址[19]：始建于战国晚期，西汉初年废弃。城墙经四次夯筑而成。东、北两座城门经过清理，城门外有方形瓮城，从瓮城内和两侧城墙上出土了大量细绳纹板瓦片及双兽纹半瓦当，城墙上应有建筑。城墙下压西周文化层。城内偏西北的高地上有三处夯土台基，出土了大量筒瓦、板瓦及半瓦当，瓦当图案有山形卷云纹、兽面纹、虎纹、双兽纹等，多具战国晚期特征。出土陶器少，有红陶釜、灰陶瓮和灰陶罐等。城内堆积物集中在北部地势较高处，文化层较薄，推测城址的使用时间不长。

2. 遗址类遗存

房山镇江营遗址与塔照遗址[20]：其商周第四期遗存晚段的年代为春秋早期，所见遗迹主要为灰坑，出土陶器以夹砂灰陶为主。陶器中含有少量云母粉，器形有鬲、罐、盆、瓮等，以鬲为大宗，有袋足鬲和燕式鬲两种，前者数量占绝大多数。第五期遗存的年代为战国早期和中期，主要遗迹为灰坑和局部文化层。所见陶器种类有釜、甑、盆、豆等，陶胎内均含有云母颗粒。

房山丁家洼遗址[21]：为一处春秋中、晚期燕文化居住遗址。遗迹有灰坑和窑址，出土陶器以夹砂红褐陶为主，陶胎内多含云母颗粒，器形以燕式鬲及细高柄豆为代表。陶窑的年代为春秋中期。发掘者结合居住生活遗迹和陶窑群推测，"春秋时期丁家洼遗址及其周围必然存在一个较大的聚落"。

房山南正遗址[22]：为战国晚期遗存，主要遗迹有灰坑、灶、陶窑等。陶器以夹砂夹云母质地的占多数，有釜、罐、豆等器形。发掘报告认为，南正遗址的性质可能是军事屯兵点。

此外，在房山良乡南部发现有黑古台遗址[23]和东阎村灰坑遗迹[24]，后者出土有燕文化典型的夹砂夹云母颗粒的红陶釜，以及饰有卷云饕餮纹、三角双螭饕餮纹和兽面纹的半瓦当。

北辰北仓遗址[25]：遗迹包括房址和灰坑。房址为椭圆形半地穴式，由门道和主室组成，从堆积的草木质和烧土推测，房屋建筑使用了草木抹泥结构。出土遗物有陶器、铁器、铜器等。陶器可分为夹砂夹云母颗粒的红陶和泥质灰陶两大类，前者器形仅釜一种，后者有罐、盆、豆、簋以及板瓦等。铁器数量较多，有镬、斧、镰等。铜器多为小件，如镈、剑首等。

蓟州大安宅村战国水井群[26]：发现6口土圹式水井，平面有圆形、椭圆形、圆角方形等，井内呈筒状或喇叭状。出土有泥质灰陶豆、罐、盆等，采集到夹砂夹云母的红陶釜残片等。此地应有较大的居住遗址。

津南巨葛庄遗址[27]：巨葛庄遗址坐落在贝壳堤上。发现灰坑一处，出土有陶器、铁器、蚌器和刀币等。陶器大多为泥质灰陶，少数为掺有云母颗粒的夹砂红陶。红陶器形有瓮和罐，灰陶器形较多，有豆、甑、盆及板瓦、筒瓦、砖等。铁器有锄、镬、凿、铲等。铜器有镞、带钩、环等小件器物。

3. 墓葬类遗存

目前北京地区发现的东周燕文化墓中，战国时期的较多。这些墓主要分布在怀柔[28]、房山[29]、昌平[30]、丰台[31]、通州[32]、顺义[33]等地。墓葬的形制基本上是中小型的长方形竖穴土坑墓。墓室内大都设有生土二层台，随葬品放在二层台上或墓室前侧。墓内使用木质棺椁葬具，有的为一棺一椁，有的为单棺。以南北向为主，墓主头北脚南埋葬，以单人仰身直肢葬为主，部分为俯身或侧身屈肢葬。大都有随葬品，包括陶器、青铜器等，各墓随葬情况各异。陶器可分为夹砂红陶和泥质灰陶两大类，前者以夹砂夹云母颗粒的鬲和釜为主；后者多为仿青铜陶礼器，有鼎、豆、壶、盘、匜等。灰陶器上饰有各类纹饰，有几何纹和动物纹等。比较有特色的是昌平松园村两座战国墓出土的陶器。两墓出土了相同的成套陶礼器，包括鼎、豆、壶、盘、匜、鬲、盨、簋等，器物以满身饰朱绘为特色，年代为战国中晚期。[34]战国燕文化墓葬中，随葬的青铜器以容器为主，此外还有不少车马饰、兵器、工具及小件装饰品等。青铜容器的种类有鼎、簋、壶、豆、盘、匜、釜、敦等。车马饰包括车辖、车軎、衔等。兵器有剑、戈、镞等。工具有削刀、刻刀等。从目前的发掘情况来看，战国时期燕文化墓葬的随葬品在种类和数量方面都较春秋时期丰富。

天津地区发现的东周燕文化墓葬也主要为战国时期的，且数量较多。从已有的发现来看，天津地区战国燕墓的分布大体可分为三个中心：第一个是北部蓟州、宝坻战国墓群；第二个是东郊张贵庄战国墓群；第三个是以南郊巨葛庄为中心的战国墓群。

北部蓟州、宝坻属于靠近燕山的山前地带。这里的战国时期墓葬主要有蓟州邦均[35]、宝坻歇马台[36]和宝坻牛道口[37]三个地点，已发现百余座墓。墓葬形制为竖穴土坑墓，多数使用木质葬具，以单棺为主，个别使用一棺一椁。葬式以单人仰身直肢葬为主，少数为俯身葬。墓葬的方向分为南北向和东西向两种，前者占绝大多数。大多无随葬品，只有少数有随葬品，且随葬品数量较少。随葬品的组合主要有三类：一类为夹砂红陶器；一类为泥质灰陶器，如鼎、豆、壶、盘、匜等；还有一类为少量的小件青铜器和玉石类饰品，如铜带钩、铜泡、串珠等。

东郊张贵庄墓地[38]是天津地区第一次发现的战国墓。1956年、1957年，两次发掘张贵庄战国墓33座。该墓地坐落在贝壳堤上，随贝壳堤作长条形分布。除两座墓为东西向外，其余均为南北向。其中30座墓发现有木质葬具痕迹。均为小型竖穴土坑墓，墓室内有二层台。均为单人葬，可辨认者均为仰身直肢葬。18座墓中有随葬品，其中11座随葬陶器，7座仅有铜带钩、刀币、象牙笄、水晶珠等小件器物。随葬品的组合也有三种情况：一种只随葬一件夹砂夹云母颗粒的红陶鬲；一种随葬鼎、豆、壶等灰陶器，其中以鱼鸟纹陶壶和灰陶鼎较有特色；还有一种随葬厚重的灰陶鼎。发掘者认为，随葬品组合的变化与墓葬年代的早晚有关系。

南郊以巨葛庄为中心分布有20余处遗址和墓葬。墓葬主要分布在商家岑子。该地墓葬的发掘资料很少。其形制为竖穴土坑，人骨架头向东南，骨架一侧有小龛，内置随葬品。随葬品主要为陶器，器形有豆、罐、壶等；有的随葬铜剑。[39]

值得一提的是，战国时期在燕文化分布范围内，尤其是环渤海湾一带，还存在着一种比较独特的瓮棺葬葬俗，专门用于埋葬婴幼儿。作为燕文化的中心区，北京和天津比较多见瓮棺葬。瓮棺葬的葬具一般由陶瓮、陶盆、陶罐或陶瓦片相互套接或对接而成，多为日常用器，也有少数是专门烧制用作瓮棺的。瓮棺葬中一般不见随葬品，或偶见少量小件。北京房山岩上墓地发现有 14 座瓮棺葬[40]；海淀与昌平也有发现[41]；怀柔城北墓地发现有 5 座瓮棺葬，其中 1 座为瓦棺葬[42]。天津地区的瓮棺葬主要发现于蓟州[43]、宝坻歇马台、宝坻牛道口、巨葛庄、静海西钓台遗址[44]等地点。

三、小结

从对考古资料的梳理可以看出，京津地区燕文化出土材料最丰富的是西周早期和战国时期，西周中晚期至春秋时期的燕文化遗存发现很少，因而这一地区燕文化的整体发展脉络还不是完全清晰。

北京作为西周早期燕国始封建国的都城所在，其燕文化遗存较天津更为丰富。从琉璃河遗址居住遗址和墓葬提供的信息来看，这一阶段的遗存中周文化、土著文化、北方草原文化，还有部分殷遗文化处于共存状态，以周文化为主体，燕文化对上述其他几种文化采取兼容与融合的政策。约在西周中期以后，这一地区的文化面貌基本呈现出单一的燕文化特征。北京在战国时期作为燕上都、中都的所在地，仍旧发挥着政治文化中心的作用，许多遗址和墓葬中出土的瓦当、陶礼器等遗物与燕下都的具有相同的风格。

天津地区在西周早期最有影响力的文化是土著文化，即张家园上层文化，但燕文化的因素已在西周早期开始进入。天津地区战国时期的燕文化遗存遍布除塘沽和汉沽以外的各区县，表现出这一时期经济、文化全面发展的面貌。天津地区在东周时期以燕文化为主体，同时又受到周边文化的影响，如静海西钓台遗址采集到的齐国量器遗物，以及具有北方草原文化因素的小件青铜器等相关文物。值得一提的是，在天津的战国墓葬中，仍有大量土著文化因素存在，如在墓葬中仅随葬小件铜器和装饰品，以及俯身葬式等，一般认为其墓主属于戎狄部落。

京津地区虽然地缘相近，但由于地理环境略有差异，受周边文化的影响也略有不同，所以在某些方面尤其是墓葬文化方面仍显示出一定的各自的特色。

附表：天津地区燕文化遗存调查资料[45]

地　点	类　型	遗　物
南郊邓岑子村	居住遗址	夹砂绳纹红陶盆残片、泥质绳纹灰陶片
静海西钓台古城	战国墓	泥质灰陶壶、罐、豆、盆，青铜剑、戈、环，等等
南郊泥沽村	居址遗址	夹砂红陶釜、泥质绳纹灰陶罐、泥质灰陶盆等残片
南郊中塘大坨子高地	居住遗址和墓葬	夹砂红陶釜，泥质灰陶尊、盂、罐、浅盘豆，板瓦、筒瓦、素面半瓦当，铜剑、带钩，等等
南郊商家岑子	战国墓地	泥质灰陶壶、豆、罐、盂，燕式鬲，铜戈、剑、镞、带钩，等等
南郊十八岑子	战国墓葬	泥质灰陶罐、豆等
南郊五家洼	—	夹砂红陶瓮
南郊李家堼	战国遗址	夹砂红陶瓮、泥质绳纹灰陶罐等
南郊韩家洼	战国遗址	夹砂红陶瓮、泥质绳纹灰陶罐等
北大港沙井子	居住遗址和墓葬	泥质灰陶罐、盆、浅盘豆、壶，夹砂红陶瓮
南郊大任庄	居住遗址	夹砂红陶釜，泥质灰陶浅盘豆、罐，板瓦、筒瓦、虎纹瓦当，等等
西郊梨园头	居住遗址	夹砂红陶绳纹陶片、泥质灰陶绳纹陶片、鹿角等
西郊张家窝	居住遗址	夹砂红陶釜，泥质灰陶罐、浅盘豆、甑，兽面纹半瓦当，等等
西郊当城	居住遗址	夹砂红陶釜、泥质绳纹灰陶片、纺轮、板瓦等
北郊双口	居住遗址和墓葬	夹砂红陶釜，泥质灰陶罐、浅盘豆、盆、盂，刀币，等等
北郊东堤头	居住遗址	燕式鬲、泥质灰陶盆、甑等
武清区兰城	战国遗址	灰陶绳纹罐、豆、盆、甑，刀币，双兽纹、山形纹、饕餮纹半瓦当，等等
东郊白沙岭	居住遗址	泥质灰陶豆、甑、绳纹罐、网坠等
宁河区张庄	居住遗址	夹砂红陶釜、燕式鬲，泥质灰陶罐、盆、甑、浅盘豆，等等
宁河区桐城	居住遗址	夹砂红陶釜、燕式鬲，泥质绳纹灰陶罐、盆、浅盘豆，等等
宁河区张码头	居住遗址	夹砂红陶釜、泥质灰陶罐、泥质灰陶豆等残片
宁河区躲军店	居住遗址	夹砂红陶釜、泥质绳纹灰陶片
宁河区俵口	居住遗址	夹砂灰陶鬲口沿残片
宁河区洛里坨	居住遗址	夹砂红陶釜，泥质绳纹灰陶罐、盆、豆，等等
宁河区田庄坨	居住遗址和墓葬	夹砂红陶釜，泥质灰陶豆、罐、等等
蓟州西北隅	战国墓	鼎、豆、壶、盘、匜、燕式鬲、釜等
蓟州辛西	战国墓	铜带钩

注释：

1. 中国社会科学院考古研究所、北京市文物研究所、琉璃河考古队：《北京琉璃河1193号大墓发掘简报》，《考古》1990年第1期。
2. 陈平：《燕文化》，文物出版社，2006年，第2页。
3. 陈平：《北方幽燕文化研究》，群言出版社，2006年，第310页。
4. 北京市文物研究所：《北京考古四十年》，北京燕山出版社，1990年，第40—66页。琉璃河考古队：《琉璃河遗址1996年度发掘简报》，《文物》1997年第6期。陈平：《燕文化》，文物出版社，2006年，第323页。
5. 北京大学考古学系、北京市文物研究所：《1995年琉璃河周代居址发掘简报》，《文物》1996年第6期。刘绪、赵福生：《琉璃河遗址西周燕文化的新认识》，《文物》1997年第4期。赵福生、刘绪：《试论西周燕文化与张家园上层文化类型》，《北京文博》1998年第1期。
6. 北京市文物研究所：《琉璃河西周燕国墓地1973—1977》，文物出版社，1995年。中国社会科学院考古研究所、北京市文物工作队、琉璃河考古队：《1981—1983年琉璃河西周燕国墓地发掘简报》，《考古》1984年第5期。中国社会科学院考古研究所、北京市文物研究所、琉璃河考古队：《北京琉璃河1193号大墓发掘简报》，《考古》1990年第1期。北京市文物研究所、北京大学考古学系：《1995年琉璃河遗址墓葬区发掘简报》，《文物》1996年第6期。北京市文物研究所、北京大学考古文博学院、中国社会科学院考古研究所：《1997年琉璃河遗址墓葬发掘简报》，《文物》2000年第11期。楼朋林：《琉璃河遗址2001年度西周墓葬发掘简报》，载《北京文物与考古》（第5辑），北京燕山出版社，2002年，第73—79页。北京市文物研究所：《琉璃河遗址新发掘的西周墓葬》，载《2002中国重要考古发现》，文物出版社，2003年。
7. 北京市文物研究所：《镇江营与塔照——拒马河流域先秦考古文化的类型与谱系》，中国大百科全书出版社，1999年。
8. 北京市文物管理处：《北京地区的又一重要考古收获——昌平白浮西周木椁墓的新启示》，《考古》1976年第4期。
9. 陈平：《燕文化》，文物出版社，2006年，第73页。宋大川：《北京考古发现与研究（1949—2009）》（上册），科学出版社，2009年，第71—76页。
10. 北京大学历史系考古教研室商周组：《商周考古》，文物出版社，1979年。张长寿：《西周墓葬的分区研究》，载《新中国的考古发现和研究》，文物出版社，1984年。李维明：《北京昌平白浮墓地分析》，《北京文博》2000年第3期。
11. 程长新：《北京市顺义县牛栏山出土一组周初带铭青铜器》，《文物》1983年第11期。
12. 天津博物馆、天津市文化遗产保护中心：《天津蓟县青池遗址发掘报告》，《考古学报》2014年第2期。
13. 天津市历史博物馆考古部：《1979—1989年天津文物考古新收获》，载《文物考古工作十年（1979—1989）》，文物出版社，1991年。韩嘉谷等：《蓟县邦均西周时期遗址和墓葬》，载《中国考古学年鉴1987》，文物出版社，1988年。赵文刚等：《蓟县邦均周代遗址》，载《中国考古学年鉴1988》，文物出版社，1989年。
14. 宋大川：《北京考古发现与研究（1949—2009）》（上册），科学出版社，2009年，第97页。
15. 北京市文物管理处写作小组：《北京地区的古瓦井》，《文物》1972年第2期。
16. 北京市文物管理处：《北京又发现燕饕餮纹半瓦当》，《考古》1980年第2期。

17.北京市文物研究所拒马河考古队：《北京市窦店古城调查与试掘报告》，《考古》1992年第8期。
18.天津市文化遗产保护中心：《蓟县南城子遗址试掘》，载《天津考古（一）》，科学出版社，2013年，第163—166页。
19.赵文刚等：《蓟县辛西战国、汉、辽墓葬》，载《中国考古学年鉴1990》，文物出版社，1991年。纪烈敏：《宝坻县秦城遗址》，载《中国考古学年鉴1991》，文物出版社，1992年。
20.北京市文物研究所：《镇江营与塔照——拒马河流域先秦考古文化的类型与谱系》，中国大百科全书出版社，1999年。
21.北京市文物研究所：《北京段考古发掘报告集》，科学出版社，2008年，第214—228页。
22.北京市文物研究所：《房山南正遗址——拒马河流域战国以降时期遗址发掘报告》，科学出版社，2008年。
23.北京市文物工作队：《北京房山县考古调查简报》，《考古》1963年第3期。
24.北京市文物研究所：《北京市东阎村战国灰坑发掘简报》，《文物春秋》2011年第2期。
25.天津市文物管理处：《天津北仓战国遗址清理简报》，《考古》1982年第2期。
26.天津市文化遗产保护中心：《天津考古（一）》，科学出版社，2013年，第167—170页。
27.天津市文化局考古发掘队：《天津南郊巨葛庄战国遗址和墓葬》，《考古》1965年第1期。
28.北京市文物工作队：《北京怀柔城北东周两汉墓葬》，《考古》1962年第5期。
29.北京市文物研究所：《房山区前朱各庄狼家坟养殖场考古发掘报告》，载《北京考古工作报告（2000—2009）·房山、丰台、门头沟、石景山卷》，上海古籍出版社，2011年。北京市文物研究所：《岩上墓葬区考古发掘报告》，载《北京段考古发掘报告集》，科学出版社，2008年。
30.北京市文物工作队：《北京昌平半截塔村东周和两汉墓》，《考古》1963年第3期。
31.北京市文物管理处：《北京丰台区出土战国铜器》，《文物》1978年第3期。
32.程长新：《北京市通县中赵甫出土一组战国青铜器》，《考古》1985年第8期。
33.程长新：《北京市顺义县龙湾屯出土一组战国青铜器》，《考古》1985年第8期。
34.苏天钧：《北京昌平区松园村战国墓葬发掘记略》，《文物》1959年第9期。
35.天津市历史博物馆考古部：《1979—1989年天津文物考古新收获》，载《文物考古工作十年（1979—1989）》，文物出版社，1991年。
36.天津市文化遗产保护中心、宝坻县文化馆：《宝坻县歇马台遗址试掘报告》，载《天津考古（一）》，科学出版社，2013年，第148—159页。
37.天津市历史博物馆考古队、宝坻县文化馆：《天津宝坻县牛道口遗址调查发掘简报》，《考古》1991年第7期。
38.天津市文物组、天津市历史博物馆联合发掘组：《天津东郊发现战国墓简报》，《文物参考资料》1957年第3期。天津市文化局考古发掘队：《天津东郊张贵庄战国墓第二次发掘》，《考古》1965年第2期。
39.天津市文化局考古发掘队：《天津南郊巨葛庄战国遗址和墓葬》，《考古》1965年第1期。
40.北京市文物研究所：《岩上墓葬区考古发掘报告》，载《北京段考古发掘报告集》，科学出版社，2008年。
41.王克林：《北京西郊中关园内发现瓮棺葬》，《文物参考资料》1955年第11期。北京市文物研究所、北京市昌平区文化委员会：《昌平张营——燕山南麓地区早期青铜文化遗址发掘报告》，文物出版社，2007年，第199页。
42.北京市文物工作队：《北京怀柔城北东周两汉墓葬》，《考古》1962年第5期。
43.纪烈敏：《蓟县西北隅战国至辽墓地》，载《中国考古学年鉴1993》，文物出版社，1994年。
44.赵文刚：《静海县西钓台战国、汉代城址》，载《中国考古学年鉴1984》，文物出版社，1985年。
45.天津市文化局考古发掘队：《渤海湾西岸古文化遗址调查》，《考古》1965年第2期。

河北燕文化综述

Review of Yan Culture of Hebei

河北省文物研究所研究员　张晓峥

燕文化是两周时期与中原、齐鲁、楚、赵、秦等诸考古学文化并称的，具有自身特色的地域性考古学文化。[1] 燕文化是一种封国文化，既不同于一般的考古学文化，也非单纯的族属文化。燕文化是指从西周分封伊始至秦统一之前，由生活在今京津地区、河北中部和北部、东北南部、内蒙古东南部的先民创造的燕国文化遗存。燕文化区的核心位于华北大平原的河北中部和北部，西拥太行，东环沧海，北倚山险，南控黄河。战国时期，燕国社会经济发展，军事力量增强，逐渐参与了与齐、三晋和秦之间的封建兼并战争，成为战国七雄之一，雄霸北方，傲视群雄。燕国在今河北中部易水流域建立了规模宏大的都城——燕下都，其城址的规模和土方工程之浩大，成为燕国社会经济繁荣鼎盛的一个重要标志。河北燕文化是燕文化的重要组成部分，是河北历史文化的精髓，在中华文明体系中占有重要地位。

周武王灭商后采用"封建亲戚，以藩屏周"[2] 的统治政策。正是在这种大背景下，召公奭受封于燕国。至秦始皇统一中国，燕国在今京津、冀中、冀北、东北南部、内蒙古东南部这一广阔的地区延续了 800 多年。西周时期，燕文化是以周、商文化因素为主体，接受并吸收了少量土著文化因素的复合体。到了东周时期，周、商文化因素融合在一起，形成了具有独具特征的文化体。从西周时期以周人与原封地商人为主体并吸收少量土著文化的混合殖民文化，到战国时期的地缘政治文化，燕文化经历了具有自身特色的发展过程。[3] 燕文化区夹在中原和东北两大文化区中间。现代考古学成果进一步显示，燕文化是联结中原和辽西诸多古文化的纽带，是华夏文化向东北亚传播的源地。

一、河北燕文化的重要城址

北京琉璃河董家林古城是燕国的第一座都城——燕城，是历史记载中召公的始封地。琉璃河遗址的发现和研究具有重要意义，它结束了人们对燕国历史的认识模糊状态，使燕国历史文化的发展脉络逐渐清晰地展现在我们面前。[4] 西周中晚期，燕国曾迁都至蓟，大致方位在今北京东南一带。燕国受到北面山戎部落的侵扰胁迫，因而春秋中期燕桓侯不得不南迁都城于临易。《世本》

中记载“桓侯徙临易”，临易在今河北雄县西北。春秋晚期，齐景公借“纳惠公”之名，两次邀约中原霸主晋国联兵大举伐燕。燕国南部边境形势危急，因而都城北迁至蓟城附近，建立中都，方位大致为今北京窦店古城附近。战国中期，燕国两次对齐国用兵胜利。为巩固南部边境，燕文公迁徙至易，方位与临易接近。战国中晚期，燕昭王为巩固燕国南部区域，抵御强敌，重新修建今河北易水流域的燕下都。此时燕国国力达到鼎盛，成为雄霸北方的强国。

河北燕文化西周时期的重要城址——满城要庄遗址，位于太行山中部东麓平原地带的漕河流域，西与眺山遥遥相对。要庄遗址西北区域为一处西周时期的城址，城址东西长约 360 米，南北宽约 330 米，外侧护城壕宽 9 ~ 30 米，深约 4 米。城垣直接起建于生土之上，墙土残余最厚处近 1.4 米。墙体由主体和护坡组成；主体残宽 3.9 ~ 4.1 米，残厚 1.3 ~ 1.4 米；外侧护坡残宽 3.5 ~ 4.0 米，残厚 0.8 ~ 1.3 米。北城墙水门宽 3.5 ~ 4.5 米，其建造形式应系先挖出基槽，然后在基槽内侧垒砌石块，以起保护作用。根据城垣外侧护坡被两座西周早中期之际的墓葬打破，可见城垣的始建年代不晚于西周中期，要庄城址的使用年代基本应在西周早期范围内。[5]

要庄遗址西南区域发现有 6 座两周时期的陶窑，推测该区域可能主要为手工业作坊区。遗址东南区域大致为墓葬区，发现了 12 处相对独立的墓葬群。文化遗存以西周、东周和汉三大时期的文化内容最为重要。西周时期的遗迹有灰坑（窖穴）、灰沟、水井、墓葬等。墓葬以南北向为主，极个别为东西向。所有墓葬均为土坑竖穴形制，不少墓葬设有腰坑，个别有二层台。葬具中一棺一椁者极少，个别有棺无椁，多数仅为一浅坑，皆为单人葬。随葬品多为陶器，一般放置在墓穴北侧或二层台上。西周时期的器物群中以宽折沿低矮裆乳状足鬲、宽折沿近平裆柱状足鬲、带扉棱的宽折沿微弧裆矮足鬲、矮领折肩鼓腹罐、敞口弧腹盆、敞口深腹圈足簋、粗柄豆等最为典型。其中一墓出土铜爵、铜觯各一件。铜爵鋬下有铭文二字，其中一字应为“启”字。东周时期陶器群以泥质灰陶细柄豆、矮领折肩罐、折沿近平裆袋足鬲等较为典型。要庄遗址填补了河北缺乏早期城址资料的空白，尤其是展现了冀中地区西周早期燕文化中地方区域的政治、经济、文化等形态，推测应为西周时期的一种封国文化。该城址很可能与西周封国甚至燕国分封等密切相关，具有重大的学术价值。

燕下都是战国时期的名都之一，位于今河北省易县东南，北易水和中易水之间。其北、西、西南有山峦环抱，东南面向华北大平原。这里是从上都蓟（今北京市）通向齐、赵等地的咽喉要道，也是燕国南方的重要门户和天然屏障。燕下都故城城址平面呈不规则的长方形，东西长约 8 千米，南北宽约 4 千米，面积为 30 余平方千米，是战国都城中面积最大的一座。城址中部有 1 号古河道（运粮河）纵贯南北。古河道东侧有与其平行的城垣一道，将燕下都故城分为东西两城。东城始建年代不晚于战国中期，西城略晚于东城，营建于战国中期前后。东城内文化遗存丰富，是燕下都的主体部分。城垣平面呈“凸”字形，在东、西、北三面城垣处各发现一座城门，南城垣外侧以中易水为天然城壕，东、西城垣有人工护城壕，北城垣外侧以北易水为天然屏障。东城中部偏北处有一道横贯东西的隔墙和一条自西城垣外古河道引出分为南北两支的古河道。古河道南段以北以及北城垣外侧区域，分布着大型夯土建筑基址，为燕下都宫殿区。以南部武阳台为中心，向北约 1400 米的中轴线上，依次排列着望景台、张公台、老姆台等夯土台基。推测应是这条古河道为宫殿区提供了水源。宫殿区内还发现有制造铁器的作坊遗址、兵器和制骨作坊遗址。

燕下都故城内古河道以南至南城垣区域应为居民居住区，相当于都城郭城。在其中部发现有制铁、制作兵器、铸币和制陶作坊，为都城内手工业作坊区。在都城东北部分布着 23 座高大的封土墓葬，以北“虚粮冢”墓区分布有 4 排 13 座墓葬，以南“九女台”墓区分布有 2 排 10 座墓葬，应为燕国王室贵族公墓区。西城文化遗存较少，推测为屯兵和加强都城安全的具有防御性质的外郭城。城外北方、东南方分别发现有 6 座防御性质的夯土建筑基址，城南发现有墓葬和人头骨丛葬遗迹。有学者指出，燕下都故城的营建是一个发展演进的过程，春秋时期应有一般居住址或普通聚落，战国初期略有扩大，到战国中期，营建城邑的大规模活动开始兴盛，逐渐形成了武阳台—望景台—张公台这条城市中轴线，包括手工业作坊、大型公墓区、居民区的城市规划布局基本形成，燕下都由此成为战国中晚期燕国政治、经济、文化和军事中心。[6]

南阳遗址位于河北雄安新区容城县晾马台镇南阳村南 20 米处，遗址保护范围南北长 600 米，东西长 700 米，面积为 42 万平方米。南阳遗址是雄安新区内保存面积最大、文化内涵较丰富的一处古遗址类全国重点文物保护单位。20 世纪六七十年代，遗址周围出土了“西宫”铭文蟠螭纹铜壶、长方形附耳蹄形足铜鼎等铜器。有学者指出，其为春秋时期燕桓侯徙临易或战国时期燕文公徙易的城邑。

经过对南阳遗址及其周边进行区域性考古调查，发现以南阳遗址为中心，形成了南北 4.5 千米，东西 4 千米，面积 18 平方千米的东周、汉代聚落群遗址。南阳遗址北部区域 4 千米处的晾马台遗址，面积约为 2 万平方米，发现有龙山、晚商、西周时期的文化遗存；在其南侧新发现马槽地遗址、墓地，面积 1.8 万平方米，年代为西周、春秋时期。经考古勘探、发掘，确定南阳遗址的主要文化遗存为一座战国时期城址和一座汉代城址。遗址南部为平面近方形的汉代城址，边长 730 米，面积近 52 万平方米。汉代城址西侧、南侧、东侧均发现有城壕，宽约 10 米；遗址中部发现了一条战国时期的东西向城垣，宽 20 米左右，厚度残存 0.6 ~ 1.5 米，边长近 400 米；其北侧为一座平面近方形的战国时期的附属小城。

根据对南阳遗址南部区域（第一发掘点）的考古发掘得知，汉代城址地上城垣基本不存，仅余地下夯土基槽，宽 15 ~ 22 米，深 0.8 ~ 1.8 米。根据城垣地下基槽的夯筑方式、出土遗物以及开口层位，我们推测城址始建于西汉早期，两汉之际废弃。遗址第二发掘点位于汉代城址中部偏西处，该文化遗存年代为战国末期至两汉之际。

根据对南阳城址中部偏北内城区域西北隅（第三发掘点）的考古发掘，确定该内城区域为战国时期小型附属城址，推测其北侧或附近应有大型战国时期城邑，文化遗存年代为战国早期至金元时期。此次考古发现了南北向、东西向的战国晚期夯土城垣，出土了有“易市”陶文的西汉早期的陶片，为寻找春秋早中期燕桓侯迁临易或战国中期燕文公迁至易提供了重要线索。南阳遗址是联结中原与幽燕、沿海地区的重要节点，为白洋淀地区两周、汉代城市考古研究的重要实物载体和范例，进一步推进了白洋淀区域先秦时期生态环境演变、人与生地互动关系的研究工作。[7]

南阳遗址远景（南至北）

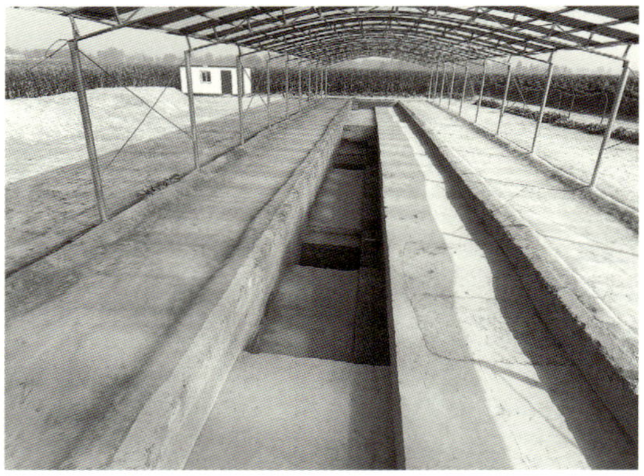

第一发掘点南阳遗址汉代南城垣解剖（南至北）

第二发掘点南阳遗址西汉晚期 Y1（下为北）

第三发掘点南阳遗址北部台地俯视（西南至东北）

第三发掘点南阳遗址战国晚期西部夯土城垣北壁剖面（南—北）

二、河北燕文化的农业和手工业发展

燕国在历史上对我国北方农业、手工业以及社会经济和文化的发展做出了巨大贡献。燕国在西周时期，经济和军事力量较弱，它的重点活动区域在今北京至保定一带。春秋时期，燕国的社会经济和军事力量仍然比较薄弱，它经常受到北部山戎部落的侵袭。战国时期，燕国的社会经济有了较大的发展，军事力量也逐渐强大起来。根据《战国策》记载："燕东有朝鲜、辽东，北有林胡、楼烦，西有云中、九原，南有呼沱、易水。地方二千余里，带甲数十万，车七百乘，骑六千匹，粟支十年。南有碣石、雁门之饶，北有枣栗之利，民虽不由田作枣栗之实，足食于民矣。"[8]这一时期，燕国的统治疆域面积达到顶峰，形成了长期稳定的社会环境；冶铁、制陶、铸币等手工业的社会化分工完备，货币流通活跃，带动了一批中小城市的兴起和发展，推动了燕国经济、文化走向空前繁荣，使得燕国成为北方军事强国。

在燕国辽阔的疆域内，社会经济发展的自然条件十分优越：在今河北，它拥有由太行山、燕山山前的一系列洪积冲积扇联合形成的山前平原，排水条件好，地下水源丰富——水是发展农业经济的命脉，其沿海地区则占有渔盐之利。

燕国冶铁业的发展和铁农具的广泛使用，大约从战国中期开始。燕国铁农具的种类有很多，燕下都遗址出土了"V"字形铁口犁，说明燕国在农业耕作技术上已采用了牛耕，这是一项重要的耕作技术改革。牛耕技术的使用和推广，大大提高了农业生产力，促进了农业的发展。在燕下都遗址还发现有锄、镢、镐、五齿耙、三齿镐、二齿镐、铲、镰、斧等一系列农业生产工具。拥有这一套系统完善的铁农具，表明燕国的农业生产能够"深耕易耨"，使得耕作技术更加精细化。农业耕作技术的进步，促

陶罐（战国晚期）

瓦当（战国晚期）

副将沟遗址远景图

使粮食收获量大大增加。燕文侯时已能够进行大量的粮食储藏，达到了“粟支十年”的粮食储备。燕下都第 30 号墓出土的陶仓模型，就反映了燕国农业生产迅速发展和收获量剧增的情形。[9]

燕下都故城内冶铁、制造兵器作坊的发现，表明燕下都故城是燕国官府冶铁业的中心。河北兴隆副将沟遗址带发现带有“右廪”字样的铁铸范，说明副将沟遗址及今冀北周边燕山腹地一带是燕国的另一处官府冶铁业的中心。燕国在冶铁业的生产工艺中，已采取了“高温液体还原法”，同时也广泛应用块炼法，并且掌握了用海绵铁增炭制造高碳钢和淬火的技术。燕下都淬火钢剑的发现，把我国已知的淬火技术的年代又提前了两个世纪。2017 年对副将沟遗址进行考古发掘，发现当时的冶铁技术已使用低温脱碳炉，显示了当时冶铸的生铁产品已使用退火脱碳工艺技术，即通过降低碳含量来减弱生铁的脆性，增强产品的硬度。副将沟遗址是一处集冶铁、铸铁以及铁制品后期加工于一体的战汉时期重要的矿冶遗址。[10]

燕国冶铁业的迅速发展和铁器的广泛使用，为促进燕国的农业、手工业、商业和城市建设的发展提供了重要的物质基础。根据燕下都第 30 号墓出土的青铜器来看，燕国的金银错、鎏金、包银等工艺已非常成熟。燕下都第 16 号墓出土的大型陶鼎、陶鉴等陶礼器，标志着战国早期燕国制陶业的进步。燕下都武阳台东北方向出土的沉重的大型建筑器材，如脊饰、脊瓦、筒瓦、板瓦，以及广泛出土的种类繁多的其他形制的建筑材料，则反映了战国中期以来燕国制陶业的迅速发展。

低温退火窑平面（上为北）

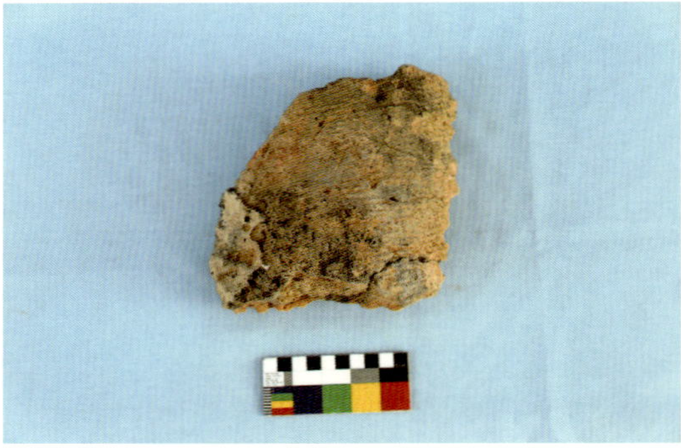

2017XFT1 ① H2：139 陶鼓风管

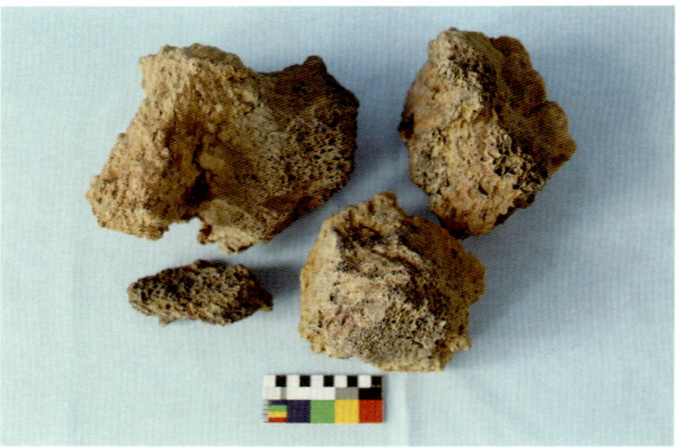

2017XFT1 ① H2：1 挂壁炉渣

三、燕长城

历史文献中记载，燕国有南、北两道长城，南长城用以防备齐、赵、中山，而北长城要防御的重要对手是胡。《史记・匈奴列传》中称“燕亦筑长城，自造阳至襄平。置上谷、渔阳、右北平、辽西、辽东郡拒胡”[11]，指出燕设置拒胡北五郡，北边应为燕北长城。考古调查发现，燕北长城西起今内蒙古察哈尔右翼前旗兴和赵长城东端，经兴和与河北张北之间向东北延伸，又经沽源县城北向东北，至丰宁县外沟门、大营子，入围场县境后向东北延伸至内蒙古赤峰以南喀喇沁旗。燕北长城在今河北境内个别城段利用了秦长城，大部分位于秦长城南侧。燕北长城以土筑为主，还有些部分为石筑——一般遇山以石筑，在平原处则以土筑；沿线每隔 2.5 千米筑一座边长 30 ~ 40 米的障城；跨越大河则在河两岸构筑大城为要塞。

《战国策・燕一》中记载，张仪说燕王曰：“大王不事秦，秦下甲云中、九原，驱赵而攻燕，则易水、长城非王之有也。”其中的“长城”应为燕国南长城。经考古调查、发掘，燕南长城西起今河北境内易县仁义庄，向东至易县曲城村入徐水太和庄，经徐水解村至徐水城区，往东经商平庄至容城县黑龙口村，东往涞城村南，至安新县西关，循白洋淀北堤东行，入雄县后沿大清河东行，出雄县东南入文安县、大城县两线，其后去向不明。燕南长城的墙体有土石混砌和黄土夯筑两种形制，以易县曲城、徐水王坎庄等地的保存较好，墙基宽 4 ~ 15 米，顶宽 1 ~ 4 米，存高 1 ~ 6.3 米。燕南长城的许多地段是利用古代堤防为墙体，兼具防水、防御双重功能。[12]

四、河北燕文化的艺术珍品

河北燕文化遗址尤其是燕下都遗址中数以万计的文物，是燕国昔日辉煌、燕文化魅力的见证。造型生动的青铜器、纹饰繁缛的金银饰件、种类繁多的建筑构件等，体现了大国的匠心独运、巧夺天工、物尽天华和情感寄托。

燕下都遗址出土的大型铜铺首，上部为巨目宽眉、戟鼻卷齿的衔环饕餮，中上为翘尾伸颈、两爪握蛇的凤鸟，两侧盘绕的是张口怒目的双龙，环套于八棱状半椭圆衔孔中。该铺首由浮雕和透雕的饕餮、蟠龙、凤、蛇等 8 只珍禽异兽的形象构成，并辅以羽纹和卷云纹。铺首形体巨大，装饰华美，重达 21.5 千克，尽显威严的王者之气，应是燕下都宫殿上所用之物，可令人想见当年燕王宫阙的壮丽恢宏。

从燕下都东贯城村采集到一件人物鸟兽阙形铜方饰，更是令人叹为观止的艺术佳作。上部做盝顶，正中前后各饰有头向外展翅欲飞的鸟，四垂脊上各饰有扬颈昂头、张口曲身、卷尾怒踞的虎形兽，四面坡面上饰有夔龙，阙楼中主人端坐中央，眺望远方，周围有分工不同的奴仆侍奉，表现内容丰富而传神。饰件采用圆雕与浮雕的技艺，展现出气势不凡的楼阁的结构，刻画得栩栩如生；而装饰的飞禽、走兽、怪兽等形象，又使整件作品极富神韵。这件奇思巧构的作品不仅再现了当时贵族宴饮享乐的生活场景，而且显示了我国战国时期楼阙建筑的高超技艺。

唐山原贾各庄遗址出土了一件嵌赤铜狩猎纹铜壶，铜壶腹部饰以由双重结纽绳索形纹饰构成的 12 个方格，上下两层，每个格内均用赤铜嵌出狩猎纹，狩猎纹中有人物和禽兽等图形，人手持长矛，与兽争斗。可辨的兽形有牛、象等，禽有奔走的和飞腾的两种，嵌出的赤铜纹极清晰，线条流畅，图案内容前后关联呼应，显示出燕国精湛的青铜器制造工艺。

燕下都遗址出土的陶水管，管头独具匠心，塑造为虎头形象，双耳竖立，怒目圆睁，鼻梁挺直，虎口大张，恰好形成出水口，兼顾实用、艺术美学，凸显出几千年前燕国工匠的聪明才智。

燕下都故城建筑材料上的装饰图案不但种类繁多，而且繁简不一，变化多样。从其题材内容来看，大致分为六类：第一类是以神话题材为内容的纹饰图案，如双兽饕餮纹、双螭卷云饕餮纹、双龙纹等，它们是出于维护统治阶级的利益和满足统治阶级的需要而编造出来的超世间的、神秘威严的动物形象；第二类是以神话题材与几何图案相结合为内容的纹饰图案，如三角双螭饕餮纹等，体现了神秘感和威严的气势；第三类是以神话题材与自然现实相结合为内容的纹饰图案，如卷云饕餮纹、山形饕餮纹、花卉太阳山形饕餮纹等，显示出一定的生活气息和对自然界的美好追求；第四类是以反映自然界为内容的纹饰图案，如双鹿纹、双鸟纹、山云纹、卷云草叶纹、山形纹等；第五类是反映人们生活内容的纹饰图案，如窗棂纹、斜方窗纹、黼黻纹等；第六类是几何形线条或图案式画面构成的纹饰图案，如凸线几何形纹、人面纹等，是对自然界事物进行抽象浓缩的艺术反映。

五、河北燕文化与周边文化的交流

东周时期，今河北境内的燕文化对周边考古学文化的影响越来越强烈，燕文化的辐射能力较西周时期大大增强。燕文化与周边考古学文化的冲突、碰撞、交流、融合，主要表现在冀北张家口、燕山南北两麓承德、内蒙古赤峰、辽西地区大小凌河流域以及冀东唐山地区，同时在燕文化南部与齐、赵、中山接壤的保定、沧州一带。

在冀北山地以军都山墓地为代表的玉皇庙文化中，铜器上的夔龙纹、蟠螭纹均受燕文化影响。尤其是春秋晚期至战国早期，玉皇庙文化中轮制泥质灰陶罐的数量急剧增加，高柄浅盘豆也开始出现，代表着上层贵族使用青铜礼器器型受到燕文化的很大影响。春秋晚期开始，考古学文化中的保守葬俗发生了很大变化，出现了用猪的下颌骨甚至整猪做祭牲的现象。燕山南麓梨树沟门遗存中轮制、烧制火候较高的陶器，肩部饰弦纹，以下部位饰竖绳纹、交错绳纹的装饰风格，与徐水大马各庄墓地接近；同时发现有铤箭镞，区别于带銎箭镞，应是受燕文化的影响。[13]辽西地区东周时期诸考古学文化遗址出土的带有燕文化因素的器物，从形制、纹饰风格来看，应该都是来自燕文化，并没有融入当地自身的文化因素；土著因素依然非常鲜明，陶器多以罐、尊、盉、豆的组合形式与铜器共存于同一墓中，曲刃青铜短剑与燕式青铜礼器共存于同一墓中，墓葬中基本有殉牲；作为考古学文化意义的燕文化，没有取代当地土著文化。

以冀中白洋淀－文安洼为核心的一系列洼淀形成的天然障隔，推测为先秦时期古黄河注入沧州泛滥形成，也是太行山东麓众多河流东注冀中使其凹陷的结果；它也是东周时期燕国、齐国疆域天然的分界线。西周晚期至春秋时期，燕国受到北部山戎部族的侵扰，即“山戎病燕”，齐桓公应燕庄公请求，越黄河征伐山戎，破山戎后东出灭孤竹，扫无终、令支。齐桓公救燕后，“命燕君复修召公之政，纳贡于周，如成康之时”。燕桓侯南迁至燕国南部大清河流域的临易。战国中期，燕国对齐国两次用兵取得胜利，《史记·燕召公世家》中记载燕釐公三十年（前 373 年）“败齐于林营”，《竹书记年》中载燕文公七年（前 355 年）“齐师及燕战于洵水，齐师遁”。这两次军事胜利，大大鼓舞了燕国巩固南部疆域并谋求南部发展的欲望，燕文公将都城迁徙到易城。东周时期，随着燕、齐国力的此消彼长，今白洋淀－文安洼一带成为两国争夺的区域，成为双方军事斗争的前沿。

南陵城遗址位于河北省任丘市于村乡南陵城村东南，西北距白洋淀 20 千米。经考古发掘，获得一批齐文化的陶文资料：（1）泥质灰陶陶量，戳印“市玺”，表明量器是由官方管理机构认证的；（2）泥质灰陶陶量，戳印“陈夏（？）右廪”，右廪是个仓廪机构，文字为典型的齐系风格，为田齐的专用字；（3）泥质灰陶豆柄，戳印陶文“张里朔”，“张里”是里名，“朔”应为陶工的名字。遗址中还出土了很多带有诸如“王人里弄（？）”“□□里繇”“□里□”“□里”等的陶文，以及大量有单个字和刻画符号的陶器残片。在这批陶文当中，“市玺”“陈夏（？）右廪”所在的量器为官方市场和官方仓库所使用，具有统一性、权威性，体现了齐国对该区域所进行的有效的行政治理和管辖。同时该遗址还出土了夹蚌红陶燕式釜、泥质灰陶折肩瓮、方唇卷沿曲腹盆等燕文化因素器物，所以我们推测该遗址附近应有中型城址，其考古学文化面貌以齐文化为主，齐、燕文化相互融合。[14]

河北燕文化是两周时期生活在太行山中部东麓、燕山南麓的燕国先民所创造的艺术、科学等物质和精神财富的总和，河北地区是燕文化孕育、发展、延续的沃土。河北燕文化所在地为四方交通要冲，具有极为重要的战略地位，历来为兵家必争之地。在先秦时代，其周围既有诸侯大国为邻，又有戎狄部族交错杂处，故这里必然成为南北文化交流的枢纽和民族融合的中心，揭开中原与北方两种不同性质的文化——农业文化和游牧文化——相互碰撞与交锋的序幕，推动华夏民族一体化的进程。

注释：

1. 陈平：《燕文化》，文物出版社，2006年。
2.《春秋左传注》（修订本），中华书局，1990 年。
3. 周海峰：《燕文化研究——以遗址、墓葬为中心的考古学观察》，吉林大学博士论文，2011年。
4. 陈平：《燕文化》，文物出版社，2006年。
5. 河北省文物研究所等：《河北满城要庄发现一处西周城址》，《中国文物报》，2017年2月24日。
6. 河北省文物研究所：《燕下都》（上），文物出版社，1996 年。
7. 赵战护等：《河北雄安新区考古调查及南阳遗址发掘收获》，载《2017中国重要考古发现》，文物出版社，2018年。
8.《战国策》（下），上海古籍出版社，1978年。
9. 陈平：《燕文化》，文物出版社，2006年。
10. 河北兴隆副将沟遗址考古发掘资料（待发表）。
11.《史记》，中华书局，1959版。
12. 李建丽、李文龙：《河北长城概况》，《文物春秋》2006年第5期。
13. 杨建华：《春秋战国时期中国北方文化带的形成》，文物出版社，2004 年。
14. 河北任丘南陵城遗址考古发掘资料（待发表）。

Foreword

After supplanting the Shang Dynasty (1600 BC – 1046 BC), King Wu of the Zhou Dynasty (1046 BC - 221 BC) adopted the policy of giving his relatives vassal states to rule as a way of consolidating his territories. Duke Zhao was given the administration of the Yan territory during the early years of the dynasty as a reward for his outstanding contributions in helping to destroy the Shang Dynasty, supporting the establishment of the Zhou Dynasty, and suppressing civil strife. His eldest son Ke inherited his title and became the first generation to be called the Marquis of Yan. Within this state, the region of Youyan was renowned for its brilliant culture, which was the result of its unique geographical location and settlement of multi-nationalities that made it a melting pot of social and human environments. The establishment of the Yan State not only helped to defend the northern border of the Zhou Dynasty but also boosted the economic and cultural development of the region, reinforcing the exchanges and integration of all ethnic groups from both sides of the Yan Mountain.

During the more than eight centuries of its existence from Western Zhou Dynasty (1046 BC – 771 BC) to Warring States Period (475 BC – 221 BC), the Yan State relocated its capital city several times. Changes were also made to its boundaries at different periods. These impacted on the look and form of the development of local culture. Excavated cultural relics bearing unique characteristics and dating from the Western Zhou Dynasty (1046 BC – 771 BC) to the Warring States Period (475 BC – 221 BC), not only represent the remarkable achievements of the Yan State at different historical periods, but also highlight the important role of the Yan Kingdom and its culture in integrating northern ethnic groups. Later, this example was to be crucial when the Qin Kingdom united multiple ethnicities.

The current exhibition, entitled *The Long Song of Youyan – An Exhibition of the History and Culture of the Yan State*, aims to present the achievements and accomplishments of the Yan Kingdom through its history, capital cities, ritual system, daily life, crafts economy, and cultural fusion.

前言

∷周武王灭商后，采取『封建亲戚，以藩屏周』的政治政策以巩固周朝的统治。召公在克商建周及平定内乱等事件中功绩突出，在西周初年被封至燕地为侯，并由长子克就封，是为第一代燕侯。幽燕地区有着悠久而灿烂的文化，其独特的地理位置及多民族聚居的特点造就了它深厚而多元的文化积淀。燕国的建立不仅守卫了周王朝的北方边境，同时促进了该地区经济、文化的发展，加强了燕山南北各民族的文化交流与融合。

∷自西周至战国，燕国立国八百余年，其间几迁都城，统治疆域也不断发生变化。燕文化的面貌也随着时代的变迁而呈现出不同的面貌和风采。独具特色的出土文物不仅代表了燕国所取得的物质文化成就，也凸显了燕国及燕文化在北方民族融合和秦汉统一多民族国家的过程中所起的重要作用。

∷图录《幽燕长歌——燕国历史文化展》旨在从建邦与都城、礼制与生活、手工业经济、文化融合四个方面展现燕国历史文化的面貌和成就。

Part I Transferring Ownership of the Northern Territory

The chapter of *Duke Zhao of Yan State* in "The Record of the Historian "and the inscriptions on the bronze wares excavated from the Western Zhou tombs in the Yan Kingdom at Liulihe of Beijing testify that the King of the Zhao Dynasty gave Duke Zhao the authority to establish his kingdom in Yan and that this honour was carried out by his eldest son Ke. From the establishment in the early Western Zhou to the elimination by the Qin State, the Yan State existed for 42 generations; some 800 years.

Based on the literature and archaeological findings, the capital city of the Yan Kingdom was relocated several times. From present archaeological materials, there are three capital sites of the Yan State presently confirmed, including Dongjialin ancient city at now Liulihe, Fangshan District, Beijing, established in early Western Zhou, Doudian ancient city at now southwest of Fangshan District, Beijing, known as Yanzhongdu, and Yanxiadu at now Yixian County, Hebei. Additionally, there are many small city sites discovered in now Hebei, Liangning and Inner Mongolia, which were within the territory of the Yan State in the Warring States Period. Styles of the cultural relics found at these sites are consistent with that at the capital sites.

第一部分 封侯北疆

::《史记·燕召公世家》及北京琉璃河西周燕国墓地出土青铜器的铭文，明确了召公因功被周王封于燕地建国，并由其长子克就封的史实。燕国自西周初建国至为秦所灭，共传四十二世，历八百余年。

::文献资料显示，燕国都城几经迁移。从目前的考古资料来看，比较明确的燕国都城遗址主要有三处，一处是位于今北京市房山区琉璃河的西周早期都城—董家林古城，另外两处是位于今北京市房山区西南的燕中都—窦店古城及位于今河北易县的燕下都。此外，在战国时期燕国疆域内的今河北、天津、辽宁、内蒙古等地还发现了不少小型城址，出土文物的风格与都城遗址基本一致。

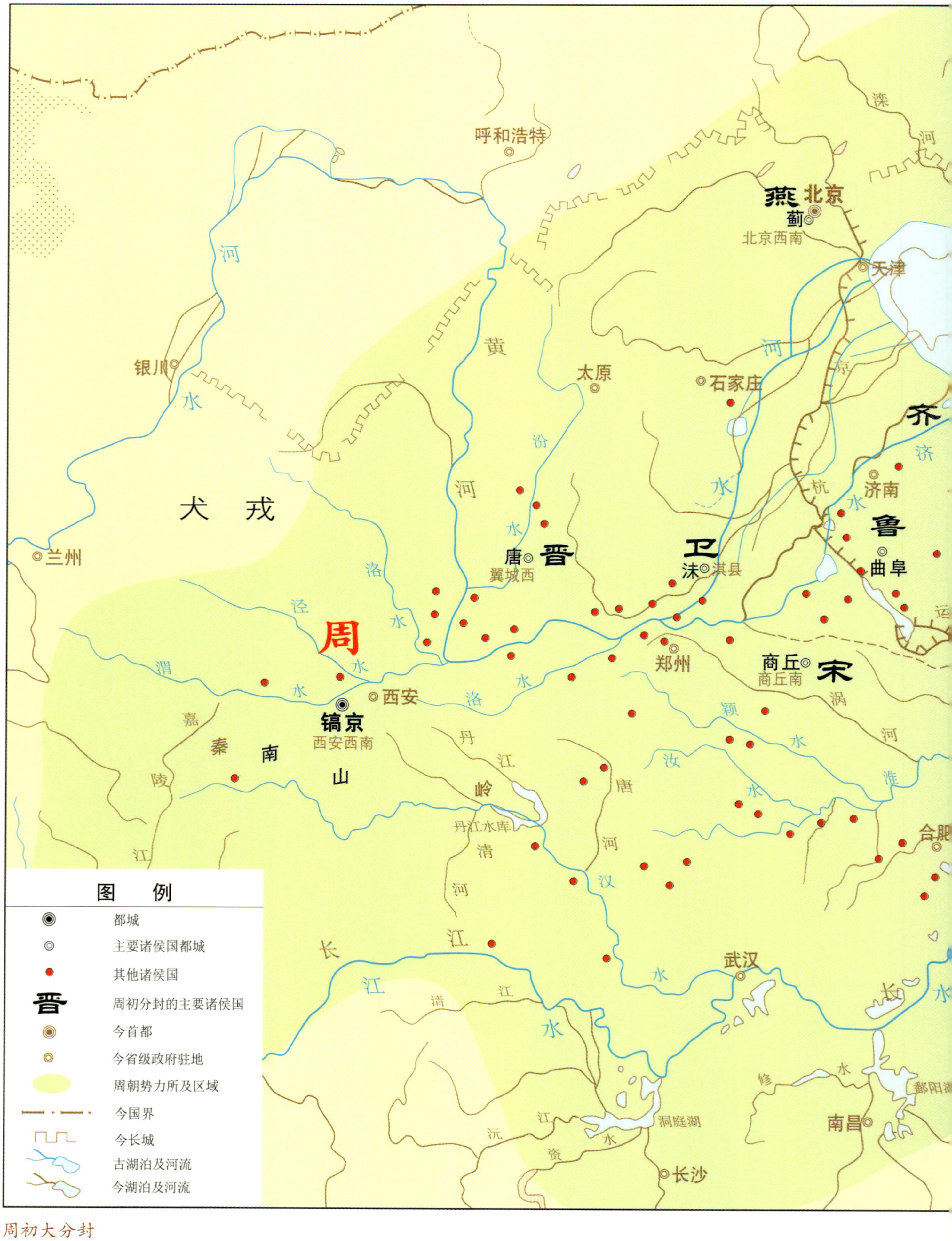

周初大分封

◎ 为了拱卫周王室，全国局势稳定后，周天子在新占领的东方大封同姓、异姓及古帝王之后。据荀子说，周初分封了71国，姬姓国有53个，占绝大部分。这些封国大小不等，众星捧月般拱卫着周王室，但也埋下了周朝衰亡的种子。

燕国君世系表

		燕 王	世 系	在位时间
西周		燕侯克	一世	不详
		燕侯旨	二世	不详
		……	……	……
		燕惠侯	八世	前865—前827
		燕釐侯	九世	前826—前791
		燕顷侯	十世	前790—前767
东周	春秋	燕哀侯	十一世	前766—前765
		燕郑侯	十二世	前764—前729
		燕（缪）穆侯	十三世	前728—前711
		燕宣侯	十四世	前710—前698
		燕桓公	十五世	前697—前691
		燕庄公	十六世	前690—前658
		燕襄公	十七世	前657—前618
		燕桓公	十八世	前617—前602
		燕宣公	十九世	前601—前587
		燕昭公	二十世	前586—前574
		燕武公	二十一世	前573—前555
		燕文公	二十二世	前554—前549
		燕懿公	二十三世	前548—前545
		燕惠公	二十四世	前544—前536
		燕悼公	二十五世	前535—前529
		燕共公	二十六世	前528—前524
		燕平公	二十七世	前523—前505
		燕简公	二十八世	前504—前493
		燕献公	二十九世	前492—前465
		燕孝公	三十世	前464—前450
		燕成公	三十一世	前449—前434
		燕湣公	三十二世	前433—前403
	战国	燕釐公	三十三世	前402—前373
		燕桓公	三十四世	前372—前362
		燕文公	三十五世	前361—前333
		燕易王	三十六世	前332—前321
		燕王哙	三十七世	前320—前312
		燕昭王	三十八世	前311—前279
		燕惠王	三十九世	前278—前272
		燕武成王	四十世	前271—前258
		燕孝王	四十一世	前257—前255
		燕王喜	四十二世	前254—前222

桢干之臣

召公，与周同姓，姓姬，名奭。召公参与了周文王和周武王时期的克商事业，并做出了突出贡献。成王即位后，召公担任三公之太保之职，辅佐成王平定内乱、营建洛邑、勤政爱民。成王之后，召公又受命辅弼康王。召公是周朝初期杰出的政治家，同周公等鼎力辅佐周室，故孔子称周初的业绩为“周召之业”。

太保鼎

:: 西周早期（前11世纪中期—前10世纪中期）
:: 通高57.6厘米，口长35.8厘米，口宽22.8厘米
:: 天津博物馆藏

◎ 方形，四柱足，口上铸双立耳，耳上浮雕双兽。鼎腹部四面饰蕉叶纹和饕餮纹，四角饰扉棱。其最为显著的是柱足上装饰的扉棱和柱足中部装饰的圆盘。鼎腹内壁铸有『大保铸』三字。大保即太保，是西周初期设立的三公官职之一，为辅政的重臣。据考证，此器应是为西周成王时的重臣召公奭所铸。

◎ 据传此鼎为清道光（一说咸丰）年间山东省寿张县梁山一处铜器窖藏坑出土。该坑共出土七件青铜器，即著名的『梁山七器』，器上的铭文大都与太保召公有关。该鼎历经李宗岱、丁麐年、徐世昌等名家收藏，是享誉海内外的青铜重器，历史价值和艺术价值极高，堪称『国之瑰宝』。

Taibao *Ding* vessel

Early Western Zhou Dynasty (Mid-11th century BC – Mid-10th century BC)
Height: 57.6cm | length of opening: 35.8cm | width of opening: 22.8cm
Collected by Tianjin Museum

蔽芾甘棠，勿翦勿伐，召伯所茇。
蔽芾甘棠，勿翦勿败，召伯所憩。
蔽芾甘棠，勿翦勿拜，召伯所说。
——《诗经·召南·甘棠》

太史公曰：召公奭可谓仁矣！甘棠且思之，况其人乎？燕（外）迫蛮貉，内措齐、晋，崎岖强国之间，最为弱小，几灭者数矣。然社稷血食者八九百岁，于姬姓独后亡，岂非召公之烈耶！

——司马迁《史记·燕召公世家》

堇鼎

∷ 西周早期（前11世纪中期—前10世纪中期）
∷ 通高61.8厘米，口径47.0厘米
∷ 北京市房山区琉璃河燕国墓地M253出土
∷ 首都博物馆藏

Jin *Ding* vessel

Early Western Zhou Dynasty (Mid-11th century BC – Mid-10th century BC)
Height: 61.8cm | top diameter: 47.0cm
Excavated from M253 at Yan State tomb complex of the Liulihe site in Fangshan District, Beijing
Collected by Capital Museum

◎ 口稍内敛，口沿外折，方唇，直耳，鼓腹，三蹄足。器内底有三个圆形浅凹槽，分别与三足相对。两耳外侧各饰一组相对的夔龙纹。口沿下饰一周以扉棱为鼻的六组兽面纹；三足跟部各饰一组兽面纹，其下有三道凸弦纹。此鼎造型雄浑凝重，纹饰简洁古朴，是目前发现的体量最大的西周燕国青铜器。

◎ 该器内壁有铭文二十六字：『匽（燕）侯令（命）堇饴（颐）大保于宗周。庚申，大保赏堇贝，用乍（作）大子癸宝䵼。仲。』饴，读『颐』，训为『养』，且专指百岁之寿养老。可知召公在西周康王之世已是百岁之寿，同时可知，西周时对待期颐之寿的老人，其饮食起居皆待人奉养。该器的铭文讲述了燕侯派堇到宗周颐养召公大保，堇因照顾周到而得到召公赏赐。推测堇可能为古代的食医。可见，该鼎不仅对召公的年寿做出了明确暗示，也提供了目前所见最早的养生养老史料。

◎ 堇鼎铭文：匽（燕）侯令（命）堇饴（颐）大保于宗周。庚申，大保赏堇贝，用乍（作）大子癸宝隩䵼。仲。

壹　建邦燕蓟

周朝建立后，对周室宗亲、功臣、先圣王之后及殷遗贵族进行了分封，以加强对统治疆域的有效控制。燕地"据天下之脊，控华夏之防"，周天子故分封重臣召公于此建立燕国，扼守北方边境，使燕、亳、肃慎成为周朝的"北土"。目前考古发现已经确认，西周早期燕国的都城是位于今北京市房山区琉璃河的董家林古城。

周初，在今北京地区还分封帝尧（一说黄帝）之后建立蓟国。根据学者的研究，约在西周中晚期，燕国兼并了蓟国，并迁都蓟城，琉璃河作为都城遂被废弃。

西周早期燕国都城遗址

琉璃河遗址位于今北京市房山区琉璃河镇东北 2.5 千米处，包括董家林、刘李店、黄土坡等自然村，面积为 5.25 平方千米，是一处包括城址、墓葬区及其他遗迹在内的大型都城遗址。其中，董家林村的城址区和黄土坡村的墓葬区是遗址的核心区。琉璃河遗址是西周早、中期燕国的政治、文化中心。

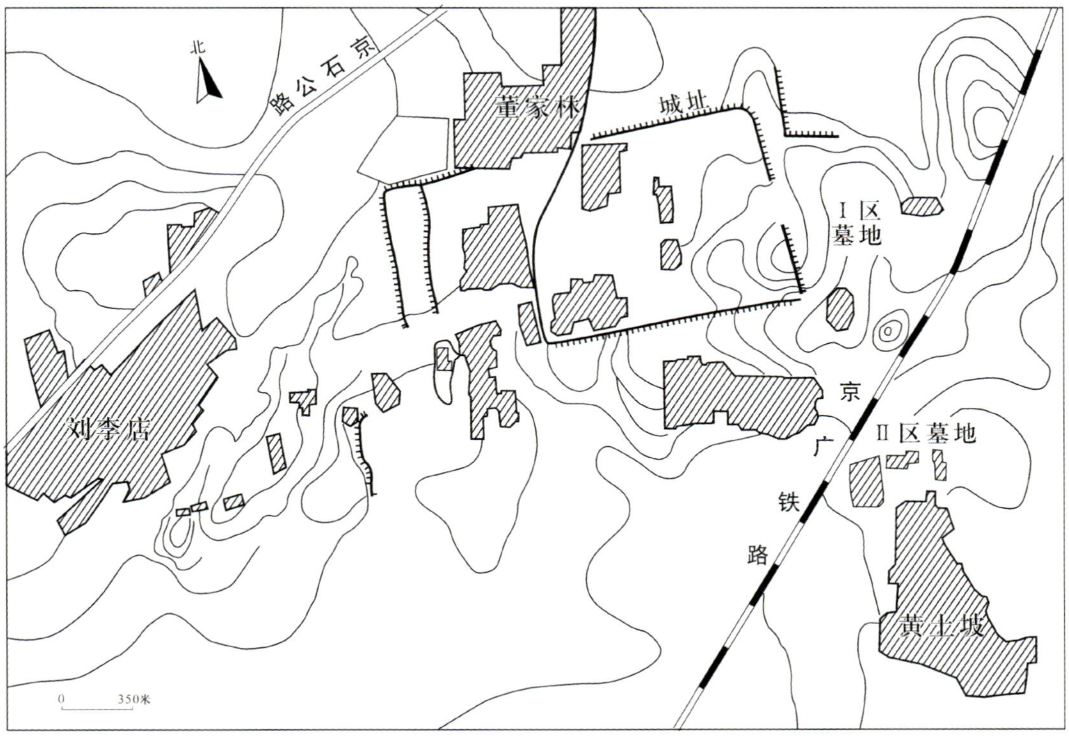

琉璃河遗址董家林燕都城址及黄土坡燕国公墓位置图

董家林燕国故城遗址

文献记载及考古材料中有关西周早期燕侯世系的资料非常少，目前比较明确的是第一代燕侯克和第二代燕侯旨两位国君。

克罍

:: 西周早期（前11世纪中期—前10世纪中期）
:: 通高33.0厘米，双耳间距27.2厘米，口、底径14.2厘米
:: 北京市房山区琉璃河燕国墓地M1193出土
:: 首都博物馆藏

◎子母口，有盖。盖中央为圈形捉手，周围有四个圆涡纹。平沿，方唇，短颈，圆肩。肩部两侧置半环状兽首耳，衔环。鼓腹下收，圈足微外撇，底内凹，下腹部一侧有兽首形鋬。盖与肩部饰有涡纹，颈部饰有两圈凸弦纹，腹部涡纹下有一周凹弦纹。盖与器口内壁各铸有相同的铭文四十三字。

Ke *Lei* wine vessel

Early Western Zhou Dynasty (Mid-11th century BC – Mid-10th century BC)
Height: 33.0cm | width between two lugs: 27.2cm | top diameter and base diameter: 14.2cm
Excavated from M1193 at Yan State tomb complex of the Liulihe site in Fangshan District, Beijing
Collected by Capital Museum

克罍盖及其铭文

◎ 盖内铭文："王曰：'大保，隹乃明乃鬯（畅），享于乃辟，余大对乃享，令克侯于匽，旋（斡）、羌、貍、叡、雩、驭、微。'克垂（陲）匽，纳土眔厥司，用作宝隫彝。""燕"在周代金文中写作"匽"或"郾"。该器铭文记述了周天子册封召公于燕的史实，证明燕国始封地在今北京市房山琉璃河一带，也说明第一代燕侯系召公的长子克，召公则留在宗周辅佐周王。

小臣摣鼎铭文：

『召公建匽，休。于小臣摣贝五朋，用乍（作）宝隫彝。』

——陈梦家《西周铜器断代》（上册）

周代的分封以封、建二事并行，前者封树疆域，后者建章立制。该器铭文说明，召公虽未至燕国就封，却是燕国各种制度的制定者。

燕侯旨卣

:: 西周早期（前11世纪中期—前10世纪中期）
:: 高34.5厘米，两耳间距29.0厘米
:: 山西省临汾市翼城县大河口墓地出土
:: 山西省考古研究所藏

◎ 盖为母口，盖面隆起，上有圈形捉手。器身垂腹，圈足外撇，貘首状耳附提梁。盖面和上腹饰一周夔龙纹，上下以圆圈纹分界。提梁上饰蝉纹。圈足上饰两周凸弦纹。

◎ 盖内有铭文两行共九字：『燕侯旨作姑妹宝尊彝。』从铭文可知，这是燕侯旨为他的小姑姑制作的器物。

◎ 这件卣内置酒器一套七件，包括大小不同的觯五件、斗一件、单耳罐一件。

Yan Hou Zhi *You* wine container

Early Western Zhou Dynasty (Mid-11th century BC – Mid-10th century BC)
Height: 34.5cm | width between ears: 29.0cm
Excavated from the Dahekou tomb complex in Yicheng County,Linfen,Shanxi
Collected by Shanxi Provincial Institute of Archaeology

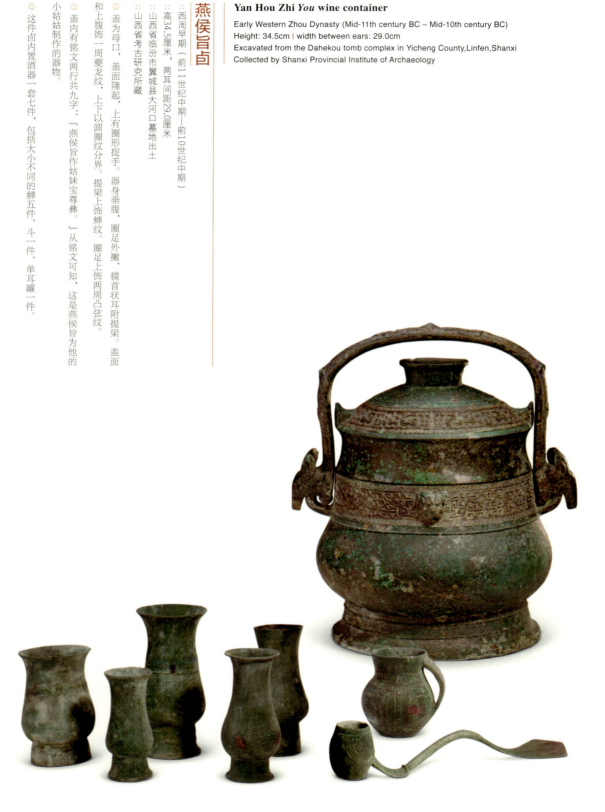

燕侯旨爵

::西周早期（前11世纪中期—前10世纪中期）
::高23.0厘米，流尾长18.0厘米
::山西省临汾市翼城县大河口墓地出土
::山西省考古研究所藏

◎伞形柱，顶有乳突，兽头状桥形鋬，三刀形足。腹部饰由云纹组成的变形兽面纹。柱面有铭文『旨作』，鋬后腹部有铭文『父辛爵世』。

Yan Hou Zhi *Jue* vessel

Early Western Zhou Dynasty (Mid-11th century BC – Mid-10th century BC)
Height: 23.0cm | length of spout: 18.0cm
Excavated from the Dahekou tomb complex in Yicheng County,Linfen,Shanxi
Collected by Shanxi Provincial Institute of Archaeology

上海博物馆藏燕侯旨鼎

燕侯旨鼎铭文

传世的燕侯旨鼎有两件，一件藏于日本，另一件藏于上海博物馆。上海博物馆所藏燕侯旨鼎上的铭文是“燕侯旨作父辛尊”，说明该鼎是旨为他的父亲父辛所做。

贰　巍巍武阳

春秋时期，与其他陆续强盛的列国相比，燕国在相当长的时间里处于弱势。文献中有关燕国这一阶段的记载很少，主要是燕国受到北方山戎部落的侵扰及迁都等事件。直到战国后期，燕昭王图强中兴，燕国才逐渐强大，成为战国七雄之一。

战国时期燕国的都城有燕上都蓟城、燕中都窦店古城、燕易都临易以及燕下都武阳城。目前以燕下都的考古资料最为丰富。

位于今河北省易县城关东南 2.5 千米处，处于北易水与南易水之间的燕下都遗址，是战国晚期燕国的都城。燕下都遗址南北长约 12 千米，东西宽约 13 千米，包括东、西两城，城址分为宫殿区、墓葬区和手工业作坊区。遗址内出土了大量青铜器、陶器、铁器和货币等文物。燕下都是战国晚期都城的一个代表。

燕下都西城南城墙

燕下都武阳台宫殿夯土台基

◎ 武阳台宫殿台基是燕下都遗址发现的规模最大的夯土台，分上下两层，均为夯筑。根据现存遗迹推测，台上有上下两层宫殿建筑。

北
易
固村
西斗城
东斗城
斗城庄
西
固村庄
满
辛庄头
辛庄头墓区
M26 M25
M24
M28 M30
M33 M34 M27
M32 M31
城
西城门
1号道路
五
公
百福村
壕
城
路
北
城角村
军营村
燕子村
20号居住址
19号居住址
西沈村
中
易
龙湾头
号河渠遗迹
虚粮冢墓区
M1 M2 M3 M4 M5 M6 M7 M8 M9 M10 M11 M12 M13
M14 M15 M16 M17 M18 M19 M20 M21 M22 M23
九女台墓区
5号作坊遗址
4号作坊遗址
手
工
1号遗址
高陌村
居
住
北沈村
8号居住址
12号居住址
东沈村
6号居住址
9号居
鼓楼台
7号居住址
西贯城
图例
遗址范围
夯土建筑基址
地下夯土建筑
城垣现存部分
城垣地下部分
城门
路土遗迹
河渠遗迹
村庄
干渠
公路
土路
河流

燕下都故城遗址布局图

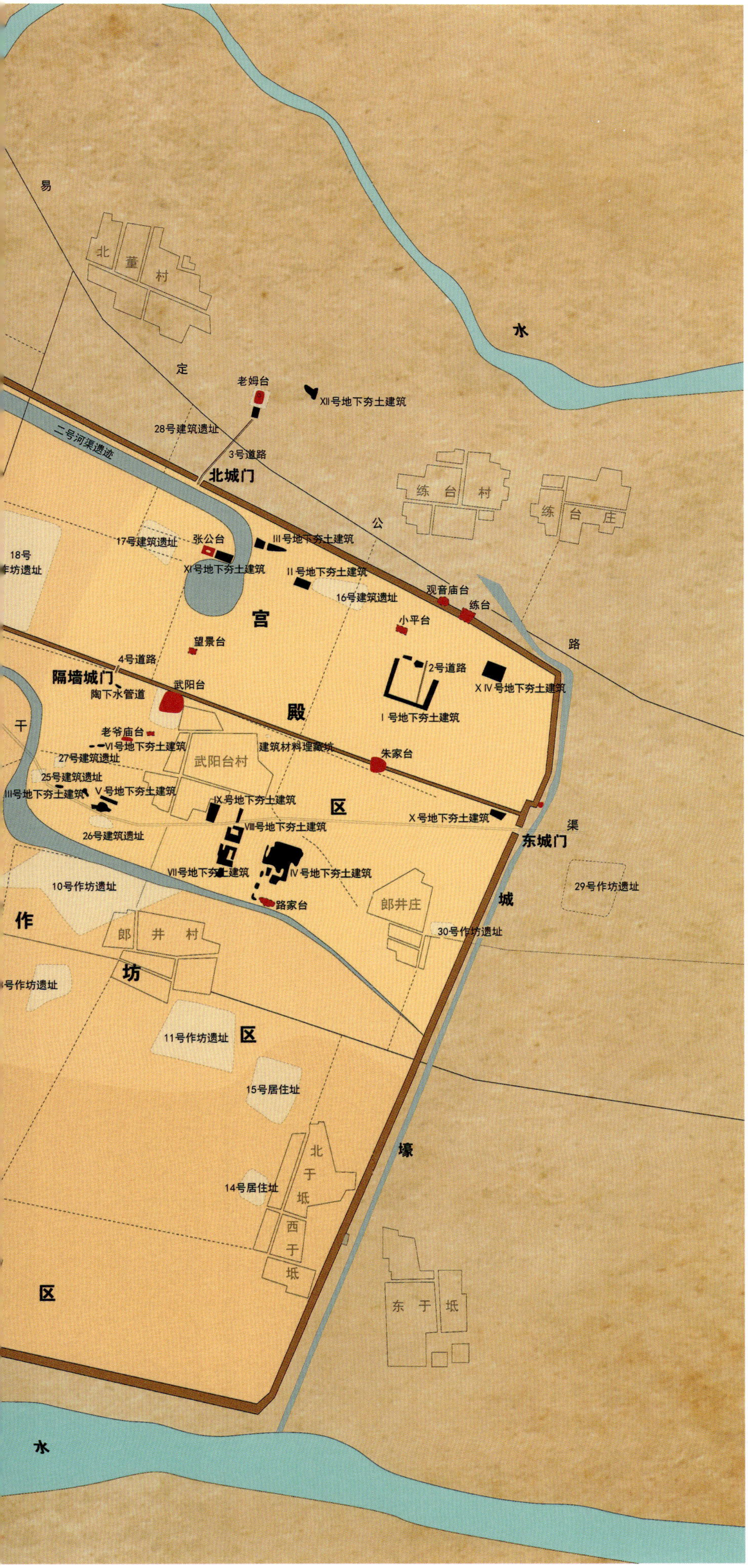
易
北
董
村
水
定
老姆台
Ⅻ号地下夯土建筑
28号建筑遗址
二号河渠遗迹
3号道路
北城门
练
台
村
练
台
庄
公
17号建筑遗址
张公台
Ⅲ号地下夯土建筑
18号
作坊遗址
Ⅺ号地下夯土建筑
Ⅱ号地下夯土建筑
观音庙台
16号建筑遗址
练台
宫
小平台
路
望景台
4号道路
2号道路
隔墙城门
XⅣ号地下夯土建筑
武阳台
陶下水管道
殿
Ⅰ号地下夯土建筑
干
老爷庙台
Ⅵ号地下夯土建筑
建筑材料埋藏坑
27号建筑遗址
武阳台村
朱家台
25号建筑遗址
Ⅲ号地下夯土建筑
Ⅴ号地下夯土建筑
Ⅸ号地下夯土建筑
区
X号地下夯土建筑
渠
Ⅷ号地下夯土建筑
26号建筑遗址
东城门
Ⅶ号地下夯土建筑
Ⅳ号地下夯土建筑
10号作坊遗址
路家台
郎井庄
29号作坊遗址
城
作
郎
井
村
30号作坊遗址
坊
号作坊遗址
11号作坊遗址
区
15号居住址
北
壕
于
14号居住址
坻
西
于
坻
区
东
于
坻
水

燕下都故城使用的建筑材料有板瓦、筒瓦、半瓦当、垂脊瓦、垂脊饰件、脊瓦、脊饰、栏杆砖、长方形薄砖、矩尺形薄砖等。

燕下都大型宫殿的主体建筑使用了大型板瓦、筒瓦和脊瓦等建筑材料。筒瓦和脊瓦以三角蝉翼纹和黼黻纹为装饰图案。脊饰一般为“山”字形或“圭”字形。半瓦当的装饰图案以大型双兽饕餮纹为主。建筑构件的种类和大小因建筑等级的高低而有所区别，这使得建筑群整体主次分明，主体建筑的宏大和威严也得以凸显。

黼黻纹筒瓦

:: 战国（前475—前221）
:: 长61.0厘米，宽15.0~20.0厘米
:: 河北省易县燕下都遗址出土
:: 易县燕下都文物保管所藏

◎ 泥质灰陶。黼黻纹系模制好后贴制于瓦坯上，再烧制成型。『黼』是黑白相次的斧形，刃白身黑。『黻』是黑青相次的亚形。『黼』取其『割断』之意（『做事果断』之意）；『黻』取其『背恶向善』之意。《荀子·富国》记曰：『黼黻文章以藩饰之』。《周礼·春官》：『王之吉服』。黼黻纹寓意吉祥，给人威严、华丽之感。

***Fufu* figure tube tile**

Warring States Period (475 BC – 221 BC)
Length: 61.0cm | width: 15.0 – 20.0cm
Excavated from Yanxiadu site in Yi County, Hebei
Collected by Yanxiadu Cultural Relics Depository, Yixian County

燕下都遗址出土的筒瓦主要有泥质灰陶和夹砂灰陶两种，表面装饰有绳纹、弦纹、三角蝉翼纹、黼黻纹等。筒瓦采用圆坯法成坯工艺，瓦坯制好后，用工具刀由内向外将其切割成大小相同的两块筒瓦。筒瓦按规格可以分为大、中、小三种，中小型筒瓦多见于一般的宫室建筑，而大型筒瓦仅见于大型高台宫殿主体建筑。

绳纹筒瓦

:: 战国（前475—前221）

:: 长52.2厘米，宽20.2厘米，高9.7厘米

:: 河北省易县燕下都遗址出土

:: 易县燕下都文物保管所藏

Arched tile decorated with a rope pattern

Warring States Period (475 BC – 221 BC)

Length: 52.2cm | width: 20.2cm | height: 9.7cm

Excavated from Yanxiadu site in Yi County, Hebei

Collected by Yanxiadu Cultural Relics Depository, Yi County

三角山云纹筒瓦

:: 战国（前475—前221）
:: 长78.0厘米，径27.0厘米
:: 河北省易县燕下都遗址出土
:: 易县燕下都文物保管所藏

◎ 夹砂灰陶。瓦一端为母口，一端为子口。瓦面附贴三组模制的三角山云纹。

Arched tile decorated with a triangular mountain and cloud pattern

Warring States Period (475 BC – 221 BC)
Length: 78.0cm | diameter: 27.0cm
Excavated from Yanxiadu site in Yi County, Hebei
Collected by Yanxiadu Cultural Relics Depository, Yi County

檐前筒瓦

:: 战国（前475—前221）
:: 长68.2厘米，径24.0厘米，高11.5厘米
:: 河北省易县燕下都遗址出土
:: 易县燕下都文物保管所藏

◎ 夹砂灰陶。瓦前端带有双龙饕餮纹半圆形瓦当，后端有子口。瓦面前端将绳纹抹平成素面，后端附贴模制的三角形山云纹和回纹。

Arched tile end decorated with a back string cicada pattern

Warring States Period (475 BC – 221 BC)
Length: 68.2cm | diameter: 24.0cm | height: 11.5cm
Excavated from Yanxiadu site in Yi County, Hebei
Collected by Yanxiadu Cultural Relics Depository, Yi County

燕下都遗址出土瓦当的纹饰种类多样且富于变化，主要有素面、饕餮纹、龙螭纹、兽纹、云纹、双凤纹、双鸟纹、棱状纹、窗棂纹等十余类，各类之中又有形式和内容上的变化。这显示出燕国建筑工艺和技术的高超。其中以双兽纹、饕餮纹为主题，再配以自然界的真实景物为图案，是燕文化中瓦当纹饰独具特色之处。

饕餮纹瓦当

:: 战国（前475—前221）
:: 径22.5厘米，高10.5厘米
:: 河北省易县燕下都遗址出土
:: 易县燕下都文物保管所藏

Eave tile decorated with a *taotie* pattern

Warring States Period (475 BC – 221 BC)
Diameter: 22.5cm | height: 10.5cm
Excavated from Yanxiadu site in Yi County, Hebei
Collected by Yanxiadu Cultural Relics Depository, Yi County

双龙卷云饕餮纹瓦当

:: 战国（前475—前221）
:: 径25.5厘米，高12.5厘米，长16.5厘米
:: 河北省易县燕下都遗址出土
:: 易县燕下都文物保管所藏

Eave tile decorated with a double dragon rolling cloud and *taotie* pattern

Warring States Period (475 BC – 221 BC)
Diameter: 25.5cm | height: 12.5cm | length: 16.5cm
Excavated from Yanxiadu site in Yi County, Hebei
Collected by Yanxiadu Cultural Relics Depository, Yi County

双龙双螭纹瓦当

:: 战国（前475—前221）
:: 径21.5厘米，高11.0厘米
:: 河北省易县燕下都遗址出土
:: 易县燕下都文物保管所藏

Eave tile decorated with a double dragon and a double *chi* pattern

Warring States Period (475 BC – 221 BC)
Diameter: 21.5cm | height: 11.0cm
Excavated from Yanxiadu site in Yi County, Hebei
Collected by Yanxiadu Cultural Relics Depository, Yi County

双兽饕餮纹半瓦当

:: 战国（前475—前221）

:: 径19.2厘米，高9.5厘米

:: 中国国家博物馆藏

A half eave tile decorated with a double beast *taotie* pattern

Warring States Period (475 BC – 221 BC)

Diameter: 19.2cm | height: 9.5cm

Collected by National Museum of China

山形饕餮纹瓦当

:: 战国（前475—前221）

:: 径17.5厘米，高8.8厘米，长21.0厘米

:: 河北省易县燕下都遗址出土

:: 易县燕下都文物保管所藏

夹砂灰陶。窄边轮，有上下沿。由两道凸线自上端中央相连，然后左右对称，折成山形纹；两边回曲呈梯形，止于左右两下角。山形纹的折角空白处饰以凸三角纹。饕餮的双目微下垂，略呈椭圆形，外有一周凸线做眼眶。山形顶端形成饕餮的额梁。以一条短凸线为饕餮的鼻梁，与组成口的卷云纹相连。口的左右两侧饰有方形凸纹。

Eave tile decorated with a mountain and *taotie* pattern

Warring States Period (475 BC – 221 BC)

Diameter: 17.5cm | height: 8.8cm | length: 21.0cm

Excavated from Yanxiadu site in Yi County, Hebei

Collected by Yanxiadu Cultural Relics Depository, Yi County

山云纹瓦当

:: 战国（前475—前221）

:: 径17.5厘米，高8.7厘米

:: 河北省易县燕下都遗址出土

:: 易县燕下都文物保管所藏

◎ 以山形纹为主体。山形纹与边轮之间缀以勾云纹。山形层叠和曲折多少不等，勾云纹也多有变化。多宽边轮，有的边轮上饰以几何纹或旋纹。此类瓦当上阳文、阴文互见，以阳文居多。

Eave tile decorated with a mountain and cloud pattern

Warring States Period (475 BC – 221 BC)

Diameter: 17.5cm | height: 8.7cm

Excavated from Yanxiadu site in Yi County, Hebei

Collected by Yanxiadu Cultural Relics Depository, Yi County

双龙纹瓦当

:: 战国（前475—前221）

:: 径11.1厘米，高8.4厘米，长19.2厘米

:: 河北省易县燕下都遗址出土

:: 易县燕下都文物保管所藏

◎ 夹砂灰陶。窄边轮。双龙屈身扬颈，尾翘起，前爪扬起。双首相对，以角相抵，作搏斗状。

Eave tile with a double dragon pattern

Warring States Period (475 BC – 221 BC)

Diameter: 11.1cm | height: 8.4cm | length: 19.2cm

Excavated from Yanxiadu site in Yi County, Hebei

Collected by Yanxiadu Cultural Relics Depository, Yi County

瓦钉

:: 战国（前475—前221）
:: 长26.0厘米
:: 河北省文物研究所藏

◎ 夹砂灰陶。方锥体，中空，底口呈正方形。四面分别饰以黼黻纹。瓦钉用于宫室建筑的脊饰，具有固定和保护脊瓦以及装饰美化的作用。

Tile nail

Warring States Period (475 BC – 221 BC)
Length: 26.0cm
Collected by Cultural Relics Institute of Hebei Province

残栏杆砖

:: 战国（前475—前221）
:: 残高19.5厘米，厚2.0厘米
:: 河北省易县出土
:: 中国国家博物馆藏

Remnant of a brick for a railing

Warring States Period (475 BC – 221 BC)
Height: 19.5cm | thickness: 2.0cm
Excavated from Yi County, Hebei
Collected by National Museum of China

燕下都陶水管道遗迹

燕下都遗址发现有多处陶水管道遗迹，不仅有助于了解战国时期陶水管的形制和连接方式，也为还原都城给排水系统的面貌提供了线索。

红陶水管

:: 战国（前475—前221）
:: 长67.5厘米，直径10.4~11.4厘米，厚0.5厘米
:: 河北省易县燕下都遗址出土
:: 易县燕下都文物保管所藏

Red pottery water pipe

Warring States Period (475 BC – 221 BC)
Length: 67.5cm | diameter: 10.4 – 11.4cm | thickness: 0.5cm
Excavated from Yanxiadu site in Yi County, Hebei
Collected by Yanxiadu Cultural Relics Depository, Yi County

叁　地方城邑

战国时期，燕国的疆域得到很大的拓展。在今河北、天津、辽宁、内蒙古等地区都发现有不少燕国中小型城址，如河北怀来大古城村古城、涿鹿县涿鹿故城，天津静海区西钓台古城、宝坻秦城，辽宁凌源安杖子城，内蒙古宁城黑城子花城古城，等等。这些遗址出土的瓦当类建筑遗物及其他文物，与燕下都遗址出土的同类文物风格一致，但规格较低。这为探寻燕国地方城市的分布及其特点提供了重要线索。

板瓦

:: 战国（前475—前221）
:: 通长47.8厘米，底径34.0厘米，厚1.5厘米
:: 天津南郊中塘刘家丘出土
:: 天津博物馆藏

Flat tile

Warring States Period (475 BC – 221 BC)
Length: 47.8cm | base diameter: 34.0cm | thickness: 1.5cm
Excavated from Liujiaqiu in Zhongtang town, the southern suburbs of Tianjin
Collected by Tianjin Museum

筒瓦

:: 战国（前475—前221）
:: 通长42.0厘米，宽16.5厘米
:: 天津宝坻秦城遗址出土
:: 元明清天妃宫遗址博物馆藏

Arched tile

Warring States Period (475 BC – 221 BC)
Length: 42.0cm | width: 16.5cm
Excavated from Qincheng site in Baodi District, Tianjin
Collected by Yuan Ming Qing Tianfei Palace Heritage Site Museum

卷云草叶纹带瓦当筒瓦

:: 战国（前475—前221）
:: 通长35.0厘米，宽16.0厘米，高8.5厘米
:: 天津地区出土
:: 元明清天妃宫遗址博物馆藏

Eave tile decorated with a rolling cloud grass-blade pattern

Warring States Period (475 BC – 221 BC)
Length: 35.0cm | width: 16.0cm | height: 8.5cm
Excavated from the Tianjin area
Collected by Yuan Ming Qing Tianfei Palace Heritage Site Museum

燕地常见的树木双兽纹图案瓦当是燕文化吸收了周边齐文化的内容；卷云草叶纹的纹饰则带有中原文化的因素；北方文化的因素则体现在独兽纹、双鹿纹、鹿山纹等瓦当图案中。这些瓦当纹样不仅在燕下都遗址被大量发现，在燕国的一些地方城址也有出土。同时，燕式瓦当对周边文化的瓦当纹饰也产生了重要影响。

卷云草叶纹瓦当

:: 战国（前475—前221）
:: 长9.5厘米，宽16.0厘米
:: 天津宝坻秦城遗址出土
:: 元明清天妃宫遗址博物馆藏

Eave tile decorated with a rolling cloud grass-blade pattern

Warring States Period (475 BC – 221 BC)
Length: 9.5cm | width: 16.0cm
Excavated from Qincheng site in Baodi District, Tianjin
Collected by Yuan Ming Qing Tianfei Palace Heritage Site Museum

双鹿纹瓦当

:: 战国（前475—前221）
:: 长12.0厘米，宽6.0厘米
:: 天津宝坻秦城遗址出土
:: 元明清天妃宫遗址博物馆藏

Eave tile decorated with a double deer pattern

Warring States Period (475 BC – 221 BC)
Length: 12.0cm | width: 6.0cm
Excavated from Qincheng site in Baodi District, Tianjin
Collected by Yuan Ming Qing Tianfei Palace Heritage Site Museum

双龙纹瓦当

:: 战国（前475—前221）
:: 宽15.5厘米，高8.0厘米
:: 天津宝坻秦城遗址出土
:: 元明清天妃宫遗址博物馆藏

Eave tile decorated with a double dragon pattern

Warring States Period (475 BC – 221 BC)
Width: 15.5cm | height: 8.0cm
Excavated from Qincheng site in Baodi District, Tianjin
Collected by Yuan Ming Qing Tianfei Palace Heritage Site Museum

虎纹瓦当

:: 战国（前475—前221）
:: 宽16.0厘米，高8.0厘米
:: 天津市西青区大任庄出土
:: 元明清天妃宫遗址博物馆藏

Eave tile decorated with a tiger pattern

Warring States Period (475 BC – 221 BC)
Width: 16.0cm | height: 8.0cm
Excavated from Darenzhuang village in Xiqing District, Tianjin
Collected by Yuan Ming Qing Tianfei Palace Heritage Site Museum

兽面纹瓦当

:: 战国（前475—前221）
:: 宽16.0厘米，高8.0厘米
:: 天津宝坻秦城遗址出土
:: 元明清天妃宫遗址博物馆藏

Eave tile decorated with a beast-face pattern

Warring States Period (475 BC – 221 BC)
Width: 16.0cm | height: 8.0cm
Excavated from Qincheng site in Baodi District, Tianjin
Collected by Yuan Ming Qing Tianfei Palace Heritage Site Museum

兽面纹瓦当

:: 战国（前475—前221）
:: 残长5.0厘米，残宽14.0厘米
:: 天津宝坻秦城遗址出土
:: 元明清天妃宫遗址博物馆藏

Eave tile decorated with a beast-face pattern

Warring States Period (475 BC – 221 BC)
Length: 5.0cm | width: 14.0cm
Excavated from Qincheng site in Baodi District, Tianjin
Collected by Yuan Ming Qing Tianfei Palace Heritage Site Museum

柳编纹瓦当

:: 战国（前475—前221）
:: 宽16.0厘米，高8.0厘米
:: 天津宝坻秦城遗址出土
:: 元明清天妃宫遗址博物馆藏

Eave tile decorated with a wickerwork pattern

Warring States Period (475 BC – 221 BC)
Width: 16.0cm | height: 8.0cm
Excavated from Qincheng site in Baodi District, Tianjin
Collected by Yuan Ming Qing Tianfei Palace Heritage Site Museum

Part II Ceremonial Changes in Youyan

In the Western Zhou period, the noble clan of Jizhou, who were given the territory of Yan, followed the existing practices of the Zhou Dynasty, which can be confirmed by materials used in tombs of the nobles from archaeological discovery; on this basis, it also adopted a policy of assimilation and integration with the local aboriginal people and culture of other northern ethnic groups, creating a scenario in which these separate cultures merged and co-existed with Zhou cultures as the mainstream. After the mid-Warring States Period, their growing national strength and rule in the Yan State resulted in a cultural uniformity becoming common within the Yan State and the culture took on distinctive local characteristics. So far, a number of relics and tomb sites from the Yan culture have been found in Beijing, Tianjin, and Hebei. These large numbers of relics cover a great variety of types of artifact and reveal the social development and life style of the Yan people. Through these various objects their ideology and customs can be understood and interpreted to give us a real insight into the Yan culture.

第二部分

礼化幽燕

西周时期，分封到燕地的姬周王族主要遵循周朝的礼制文化，这从考古发现的贵族墓葬材料可以确认；在此基础上，对当地的土著文化和北方草原民族文化采取吸收、融合的政策，形成了以周文化为主体，三者融合并存的文化面貌。战国中期以后，随着燕国势力的强大和统治范围的扩大，其疆域范围内文化的统一性不断深化，并形成了独具燕地特色的文化面貌。目前，已在北京、天津和河北等地发现多处燕文化遗址和墓葬，出土文物数量众多，种类丰富。透过文物，不仅可以了解燕人的基本生活面貌和社会发展状况，而且可以解读当时人们的思想意识和文化传统，从而一窥燕文化的特质。

壹　鼎食钟鸣

周代青铜礼器盛行，其种类和数量是贵族身份和等级的重要象征。在祭祀、丧葬、朝聘、征伐、宴飨、婚冠等重大活动中，贵族都要遵礼行事。他们死后则将大批生前所用礼器作为随葬品埋入墓中。西周时期的燕文化遵循周礼——青铜礼器以食器为主，酒器较少，这是周文化与商文化一个比较显著的差异。

北京市房山区琉璃河燕国墓地青铜礼器出土情况

列鼎制度是周代的一种礼制等级制度。它是指将造型、纹饰、铭文完全相同但形体大小依次递减的鼎与簋组合，鼎和簋的数量分别为奇数和偶数，按照次序有规律地陈列，并配以不同种类的食物。虽然琉璃河遗址燕侯墓被严重盗掘，但 M251 和 M252 两座贵族墓保存得还算完整，其随葬的鼎和簋的组合情况基本符合周礼的规定。

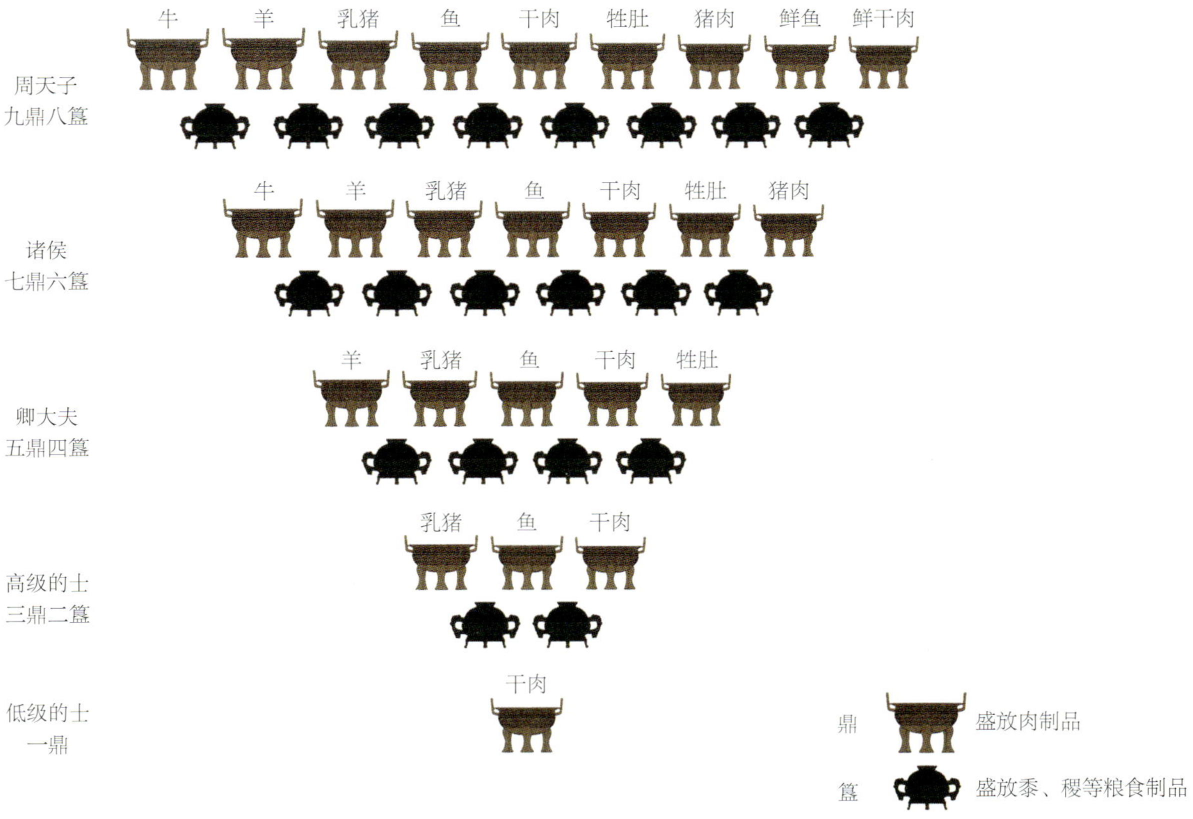

天子与贵族的列鼎数量及肉食种类

兽面纹鼎

:: 西周早期（前11世纪中期—前10世纪中期）
:: 通高22.6厘米，口径17.6厘米
:: 北京市房山区琉璃河遗址出土
:: 首都博物馆藏

◎ 口沿外折，方唇，直立耳微外撇，鼓腹，圜底，三柱足，柱足上粗下细。口沿下饰一周以扉棱为鼻额的六组外卷角兽面纹，以云雷纹为地纹。三足根部饰有以扉棱为鼻额的外卷角兽面纹，下饰三道凸弦纹。此器造型厚重，纹饰精美，铸造工艺高超。

Ding decorated with a beast-face pattern

Early Western Zhou (Mid-11th century BC – Mid-10th century BC)
Height: 22.6cm | top diameter: 17.6cm
Excavated from the Liulihe site in Fangshan District, Beijing
Collected by Capital Museum

伯亐庚簋

∷西周早期（前11世纪中期—前10世纪中期）
∷通高12.1厘米，口径17.4厘米
∷北京市房山区琉璃河遗址出土
∷首都博物馆藏

◎口内敛，口沿外折，鼓腹，腹两侧各置一半环形兽首耳，耳下有小钩状垂珥，圈足微外撇。口沿下饰一周等距十个圆凸，圆凸中有小圆凹。圈足上亦饰有相同的十个圆凸，圆凸中间有小圆凹。器内底铸有铭文『伯亐庚作宝彝』。此器造型质朴浑厚，纹饰简洁。

Boqiaogeng Gui food container

Early Western Zhou (Mid-11th century BC – Mid-10th century BC)
Height: 12.1cm | top diameter: 17.4cm
Excavated from the Liulihe site in Fangshan District, Beijing
Collected by Capital Museum

作宝卣

:: 西周早期（前11世纪中期—前10世纪中期）
:: 通梁高34.0厘米，口径长13.3厘米，口径宽10.0厘米
:: 北京市房山区琉璃河遗址出土
:: 首都博物馆藏

◎椭圆形圜顶盖，盖顶正中置一圆形捉手，椭圆形口，长束颈，最大径位于下腹部，圜底，圈足外撇。盖面饰以兽面纹，兽面纹之间饰以长冠凤鸟纹，鸟首相对，肩有双环耳，连接一提梁。提梁与环耳相接处饰一兽首。肩部前后各饰一突起的兽首，其两侧饰以夔龙纹，龙首朝向兽首，其上下饰以凸弦纹。腹部前后饰兽面纹，兽面纹左右下方各饰一鸟纹。盖内及器内底各铸有相同的铭文『作宝彝』。此卣造型优美，装饰华丽，是研究燕国青铜器的有价值的资料。

Zuobao You **wine container**

Early Western Zhou (Mid-11th century BC – Mid-10th century BC)
Height with handle: 34.0cm | length of top diameter: 13.3cm
Width of top diameter: 10.0cm
Excavated from the Liulihe site in Fangshan District, Beijing
Collected by Capital Museum

鸟纹尊

:: 西周早期（前11世纪中期—前10世纪中期）
:: 高16.5厘米，口径16.0厘米
:: 北京市房山区琉璃河遗址出土
:: 首都博物馆藏

◎ 侈口，斜颈，腹部略鼓，口径大于腹径，圜底，高圈足底部外撇有阶。颈部饰一周顾首鸟纹，羽冠下垂，钩喙，其上下界以凸弦纹。

Wine vessel decorated with a bird pattern

Early Western Zhou (Mid-11th century BC – Mid-10th century BC)
Height: 16.5cm | top diameter: 16.0cm
Excavated from the Liulihe site in Fangshan District, Beijing
Collected by Capital Museum

庶觯

:: 西周早期（前11世纪中期—前10世纪中期）
:: 通高20.0厘米，口径长11.5厘米，口径宽9.3厘米
:: 北京市房山区琉璃河遗址出土
:: 首都博物馆藏

◎扁圆体，盖顶隆起，正中置一半环形钮，钮两端各饰一龙首，侈口，束颈，鼓腹，圜底，圈足较高，底部外撇成矮阶状。盖面及颈部各饰一周雷纹，上下界以弦纹，圈足饰一周斜角目雷纹。盖内及器内底铸有相同铭文三行十五字：『乙丑，公仲赐庶贝十朋，庶用作宝尊彝』。

***Shu Zhi* wine vessel**

Early Western Zhou (Mid-11th century BC – Mid-10th century BC)
Height: 20.0cm | length of top diameter: 11.5cm | width of top diameter: 9.3cm
Excavated from the Liulihe site in Fangshan District, Beijing
Collected by Capital Museum

未爵

:: 西周早期（前11世纪中期—前10世纪中期）
:: 通柱高22.0厘米，尾流通长17.0厘米
:: 北京市房山区琉璃河遗址出土
:: 首都博物馆藏

◎ 短流上扬，尖尾较长，口沿内侧靠近鋬部有伞状柱，双柱较高。腹为直筒状，深腹，卵形底，半环形兽首鋬，三个刀形足外撇。流下饰龙纹，口沿下及腹部饰兽面纹。鋬下腹外壁上铸有铭文『未』字。

***Wei* wine vessel**

Early Western Zhou (Mid-11th century BC – Mid-10th century BC)
Height with column: 22.0cm | length including tail: 17.0cm
Excavated from the Liulihe site in Fangshan District, Beijing
Collected by Capital Museum

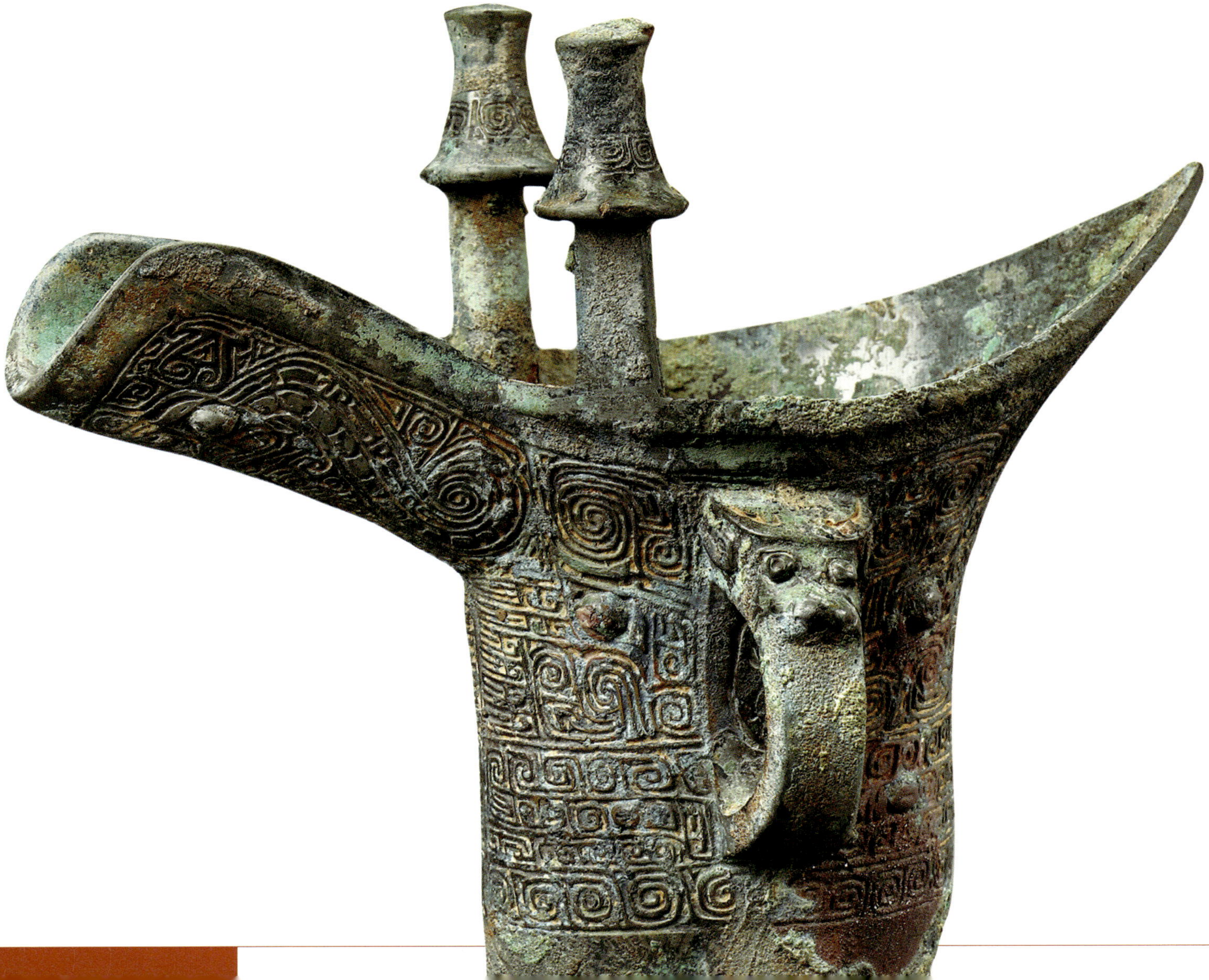

东周是“礼崩乐坏”的时代，“礼乐征伐自天子出”变成了“礼乐征伐自诸侯出”。公元前323年，魏相公孙衍发起燕、赵、中山、魏、韩“五国相王”以抗秦。燕侯称王后，享天子礼制。

战国时期，贵族墓葬中成组的仿铜陶礼器取代了青铜礼器，礼器的种类和组合也发生了变化。河北省易县燕下都遗址九女台墓区16号墓和辛庄头墓区30号墓分别出土了以九鼎八簋和七鼎六簋为代表的成套仿铜陶礼器，代表了战国时期燕国礼制的内容和形式。

燕下都遗址出土的仿铜陶礼器有食器和乐器两大类。食器主要有鼎、簋、豆、壶、盘、匜等，其中以九鼎八簋的组合最为瞩目，不同形制成组出土的陶豆和陶壶也蔚为可观。乐器则有成套的编钟、石磬。

仿铜陶礼器——九鼎

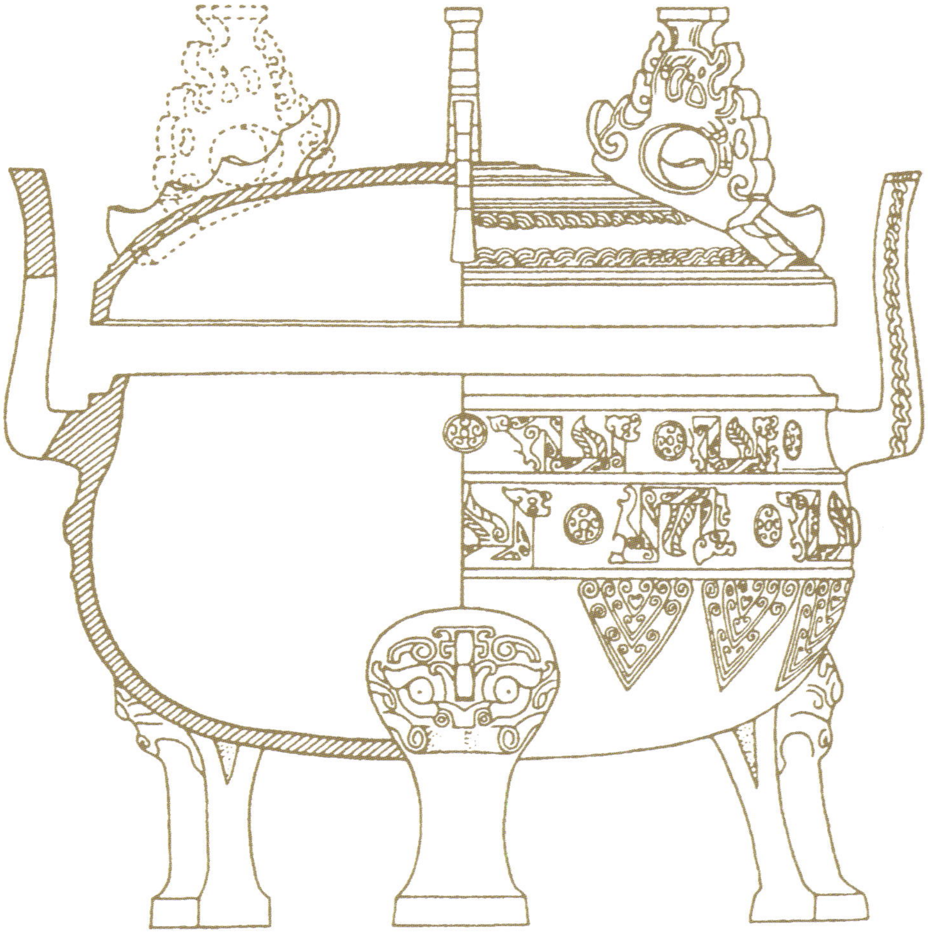

仿铜陶礼器——八簋

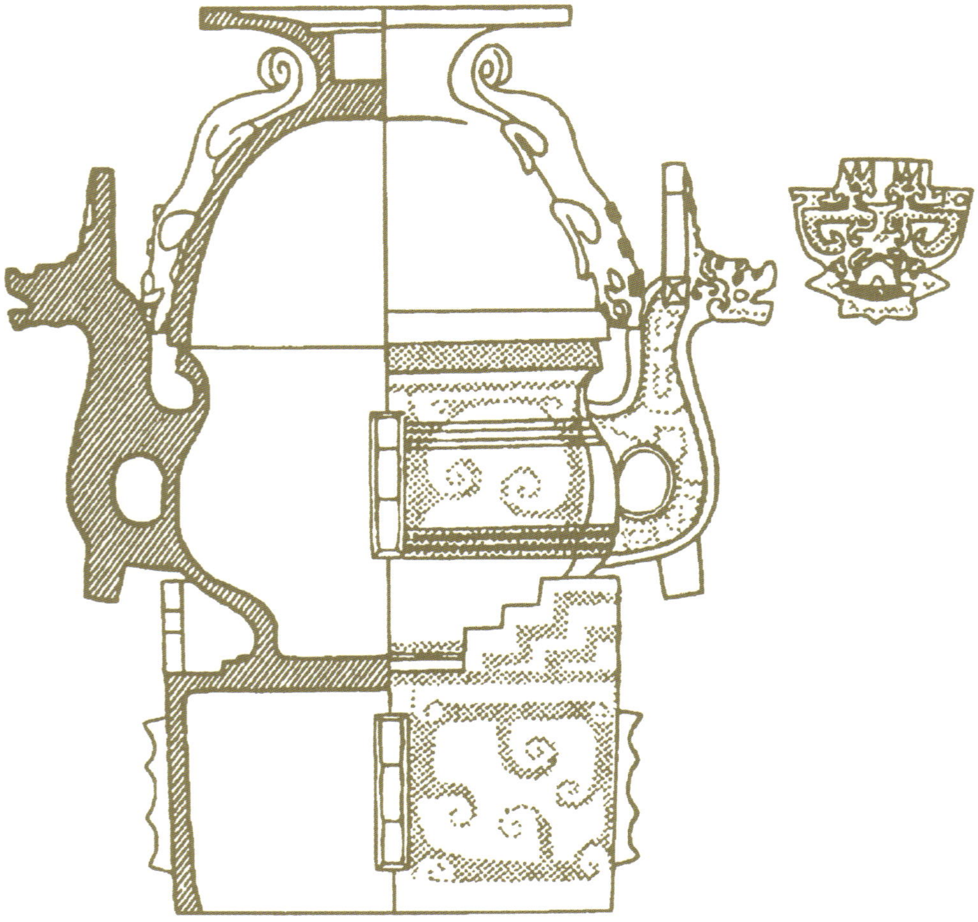

陶鼎

:: 战国（前475—前221）

:: 高38.5厘米，宽39.5厘米

:: 河北省易县燕下都遗址出土

:: 易县燕下都文物保管所藏

◎扁圆盖，平唇，敛口，高附耳，圜底，蹄形足。盖周附贴三个模制卧羊形钮。腹部饰一周弦纹，弦纹上部至口沿下有刻画纹饰；弦纹下三只鼎足的上部各附贴一个模制铺首。器身及足部施彩绘，现均已脱落。

Pottery *Ding* vessel

Warring States Period (475 BC – 221 BC)

Height: 38.5cm | width: 39.5cm

Excavated from Yanxiadu site in Yi County, Hebei

Collected by Yanxiadu Cultural Relics Depository, Yi County

小陶鼎、陶匕

::战国（前475—前221）
::鼎高13.0厘米，口径15.0厘米
::河北省易县燕下都遗址出土
::易县燕下都文物保管所藏

◎鼎口微内敛，平唇沿上有凹槽，无耳，鼓腹，三足作兽面蹄形。颈间有凸弦纹一周，器身光素。小鼎配有陶匕。匕端呈尖桃形。手柄细长，上刻绹索纹。

Small pottery *Ding* vessel with a pottery spoon

Warring States Period (475 BC – 221 BC)
Height: 13.0cm | top diameter: 15.0cm
Excavated from Yanxiadu site in Yi County, Hebei
Collected by Yanxiadu Cultural Relics Depository, Yi County

方鼎

:: 战国（前475—前221）

:: 高14.0厘米，口径17.0厘米

:: 河北省易县燕下都辛庄头M30出土

:: 河北省文物研究所藏

◎长方形敞口，平唇，口两侧附方穿直耳，腹壁较直，平底，四足均作八棱柱形。器身四抹角及四面中间各饰一条突出的出戟纹。器身饰简化的勾叶纹。

Square *Ding* vessel

Warring States Period (475 BC – 221 BC)

Height: 14.0cm | top diameter: 17.0cm

Excavated from M30 at Xinzhuangtou of Yanxiadu site in Yi County, Hebei

Collected by Cultural Relics Institute of Hebei Province

陶簋

∷战国（前475—前221）
∷高30.0厘米，底宽41.0厘米
∷河北省易县燕下都遗址出土
∷易县燕下都文物保管所藏

◎仿铜器造型。敞口，沿下斜，腹部圆鼓，平底，带缺口方座。腹部两侧各附贴一个模制兽形耳，兽身腹部衔环，环已缺失。两兽弯颈回首向外，张口竖耳，翘尾。方座四边阴刻两道直线纹。簋用于盛放熟食，与鼎配套使用。

Square pottery *Gui* wine vessel

Warring States Period (475 BC – 221 BC)
Height: 30.0cm | base width: 41.0cm
Excavated from Yanxiadu site in Yi County, Hebei
Collected by Yanxiadu Cultural Relics Depository, Yi County

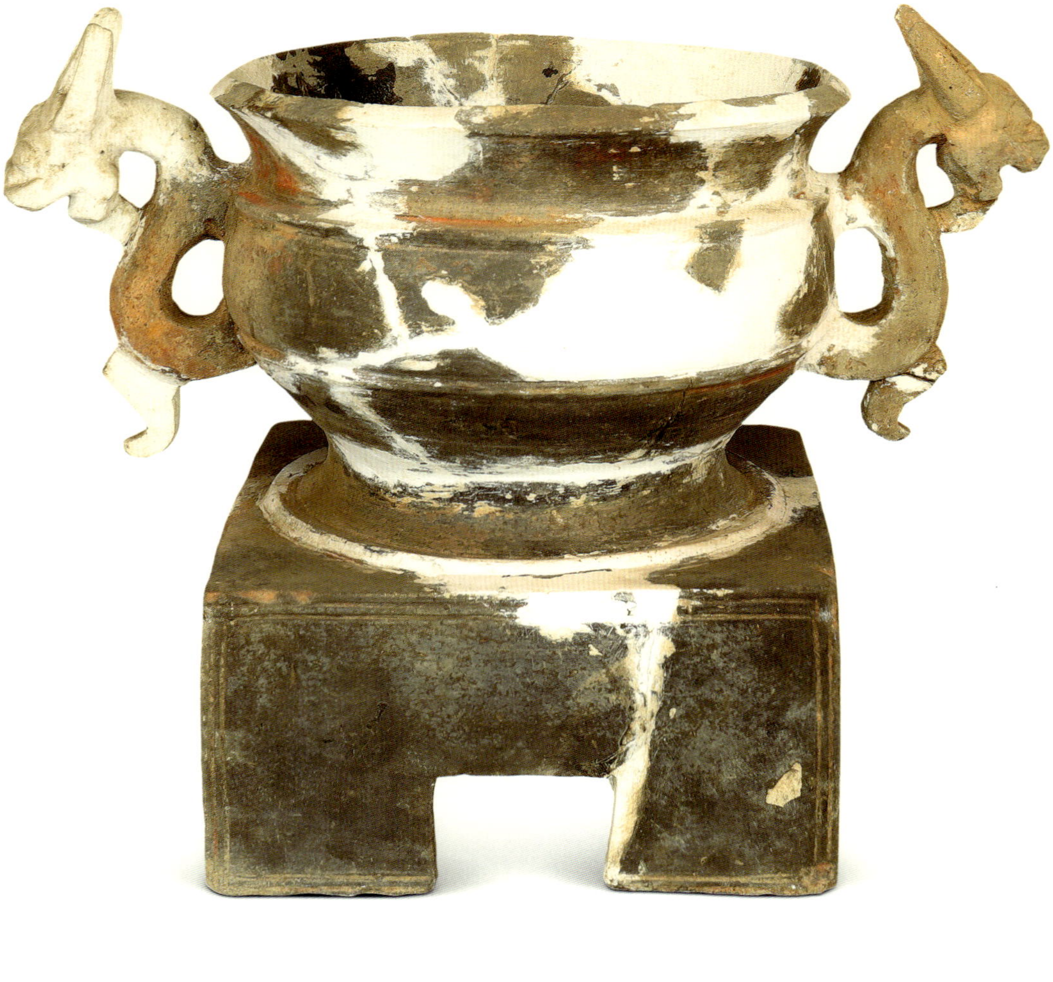

陶方壶

:: 战国（前475—前221）
:: [盖] 上沿边长23.0厘米，下沿边长19.5厘米
:: [壶] 通高69.8厘米，最宽处30.0厘米
:: 河北省易县燕下都遗址出土
:: 易县燕下都文物保管所藏

◎仿铜陶礼器。泥质红陶。方口微外侈，高长颈，腹鼓方圆，圈足。方盖，盖面顶空。长颈两侧各有一模制爬虎作竖耳，虎作回首状。长颈中部与颈、腹交接处堆雕出两周凸节带，并于攒尖处上下通连。器身满施朱绘，现多已脱落。

Square pottery kettle

Warring States Period (475 BC – 221 BC)
[Lid]Side length of top edge: 23.0cm | Side length of lower edge: 19.5cm
[Body]Height: 69.8cm | widest part: 30.0cm
Excavated from Yanxiadu site in Yi County, Hebei
Collected by Yanxiadu Cultural Relics Depository, Yi County

陶盖豆

:: 战国（前475—前221）

:: 通高38.5厘米，腹径18.5厘米

:: 河北省易县燕下都M16出土

:: 河北省文物研究所藏

◎仿铜陶礼器。燕下都九女台M16共出土带盖圆腹陶豆十四件，形制相同，器形挺秀。皆小口外侈，短颈，束腰式把手为盖。鼓腹扁圆，细高柄，喇叭形圈足。盖面刻画两周交叉的『S』形纹饰，肩部和腹部刻画两组层叠的山形纹，中间一组为以短线相连的涡纹，圈足上刻画两组山纹。

Dou vessel with pottery lid

Warring States Period (475 BC – 221 BC)

Height: 38.5cm | abdominal diameter: 18.5cm

Excavated from M16 at Yanxiadu site in Yi County, Hebei

Collected by Cultural Relics Institute of Hebei Province

陶盨

::战国（前475—前221）

::高14.0厘米，口宽16.0厘米，通长35.0厘米

::河北省易县燕下都遗址出土

::易县燕下都文物保管所藏

◎直口，平唇，腹向外斜收。器身为椭圆形，圈足亦为椭圆形。口两侧各有一兽面形耳，圈足前后各有两个三角形缺口。器底及内壁均涂朱色。器表朱绘纹样已脱落不清。

Pottery *Xu* vessel

Warring States Period (475 BC – 221 BC)

Height: 14.0cm | width of opening: 16.0cm | length: 35.0cm

Excavated from Yanxiadu site in Yi County, Hebei

Collected by Yanxiadu Cultural Relics Depository, Yi County

陶盘

:: 战国（前475—前221）

:: 口径29.0厘米，足径12.8厘米，高15.0厘米，最宽处36.5厘米

:: 河北省易县燕下都遗址出土

:: 易县燕下都文物保管所藏

◎敞口，折沿，方唇，弧腹微折，圈足稍外撇，沿下两侧各有一向外卷的长方形附耳。腹部饰两周凹弦纹。器内外均有朱色彩绘，现已剥落不清。

Pottery plate

Warring States Period (475 BC – 221 BC)

Top diameter: 29.0cm | base diameter: 12.8cm

Height: 15.0cm | widest part: 36.5cm

Excavated from Yanxiadu site in Yi County, Hebei

Collected by Yanxiadu Cultural Relics Depository, Yi County

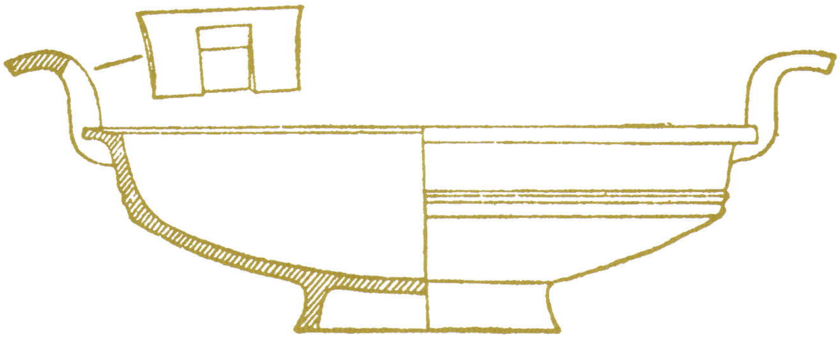

陶钮钟

:: 战国（前475—前221）
:: 通高14.0～24.0厘米
:: 河北省易县燕下都M16出土
:: 河北省文物研究所藏

◎ 半环钮。钟的两侧表面皆以凸弦纹横竖隔成多格，其中三层每格附三个半圆状乳，共十二组三十六枚。钟口平直。燕下都九女台M16出土了大陶编钟十件、小编钟九件。钟体形制相似，均为合瓦形，只是钟钮有别，大编钟为对峙双夔龙形钮。

Pottery chime bell

Warring States Period (475 BC – 221 BC)
Height: 14.0 – 24.0cm
Excavated from M16 at Yanxiadu site in Yi County, Hebei
Collected by Cultural Relics Institute of Hebei Province

北京昌平区松园村战国墓

1956 年、1957 年，在北京昌平区松园村发现两座大型战国墓葬。两墓出土多件朱绘陶礼器，器形有鼎、豆、壶、盘、匜、缻、簋等，以及石璜、石圭等。该墓地出土的陶器与河北唐山贾各庄出土的战国铜器以及燕下都遗址出土的同类陶器都有相似之处，体现了战国时期燕文化的面貌特征。

朱绘陶簋

∷战国（前475—前221）
∷高36.5厘米，口径21.0厘米
∷北京市昌平区松园村二号墓出土
∷首都博物馆藏

◎泥质灰陶。仿青铜礼器。直口，弧腹，腹两侧贴塑兽首形耳，下有方座，座四面开方形洞，上覆圈足式盖。兽首耳上彩绘斑点纹，其余部位满绘朱彩流云纹。

Vermillion painted pottery *Gui* vessel

Warring States Period (475 BC – 221 BC)
Height: 36.5cm | top diameter: 21.0cm
Excavated from M2 at the Songyuancun site in Changping District, Beijing
Collected by Capital Museum

朱绘陶豆

:: 战国（前475—前221）
:: 高33.0厘米，口径16.0厘米，底径16.4厘米
:: 北京市昌平区松园村二号墓出土
:: 首都博物馆藏

◎泥质灰陶。仿青铜礼器。子母口，弧腹，喇叭形高足，带盖，盖上有三柱足，足弧曲外撇，反置成鼎形。器身满绘朱彩变形螭纹，彩绘流畅而飘逸。松园村战国墓出土的陶豆分为小口豆和大口豆两类，此豆为大口类型。

Vermillion painted pottery *Dou* vessel

Warring States Period (475 BC – 221 BC)
Height: 33.0cm | top diameter: 16.0cm | base diameter: 16.4cm
Excavated from M2 at the Songyuancun site in Changping District, Beijing
Collected by Capital Museum

朱绘陶匜

∷战国（前475—前221）
∷高15.0厘米
∷北京市昌平区松园村二号墓出土
∷首都博物馆藏

◎泥质灰陶。仿青铜礼器。敞口，浅腹，平底，鋬为鸟首状，鸟尾为流。周身满绘朱彩流云纹。

Vermillion painted pottery *Yi* vessel

Warring States Period (475 BC – 221 BC)
Height: 15.0cm
Excavated from M2 at the Songyuancun site in Changping District, Beijing
Collected by Capital Museum

朱绘陶盨

:: 战国（前475—前221）

:: 高11.2厘米，口径长21.2厘米，口径宽10.5厘米

:: 北京市昌平区松园村二号墓出土

:: 首都博物馆藏

◎ 泥质灰陶。仿青铜礼器。器身呈椭圆方形，子母口，腹部微鼓，圈足微外撇，锯齿形足，两侧各饰有兽首形半圆耳。周身满绘朱彩流云纹。

Vermillion painted pottery *Xu* vessel

Warring States Period (475 BC – 221 BC)

Height: 11.2cm | long diameter of opening: 21.2cm | short diameter of opening: 10.5cm

Excavated from M2 at the Songyuancun site in Changping District, Beijing

Collected by Capital Museum

朱绘陶盘

:: 战国（前475—前221）
:: 高19.0厘米，口径41.0厘米
:: 北京市昌平区松园村一号墓出土
:: 首都博物馆藏

◎泥质灰陶。仿青铜礼器。口沿外折，弧壁，平底，高圈足，口沿上有双附耳，双耳弯曲，有矩形孔。盘外壁及圈足饰多道弦纹，周身满绘朱彩流云纹。

Pottery plate

Warring States Period (475 BC – 221 BC)
Height: 19.0cm | top diameter: 41.0cm
Excavated from M1 at the Songyuancun site in Changping District, Beijing
Collected by Capital Museum

贰　日用陶器

在周代等级分明的礼仪制度中，礼器只是贵族生活的一部分。在贵族和平民的日常生活中，陶器才是主要的生活用品。依据北京、天津和河北等地居住遗址和墓葬出土的大量陶器，可以大致了解当时人们的日常生活面貌。

灰陶簋

:: 西周（前11世纪中期—前771年）
:: 高16.0厘米，口径24.5厘米，底径12.5厘米
:: 北京市房山区琉璃河遗址出土
:: 首都博物馆藏

◎ 泥质灰陶。折沿，直口，深腹，高圈足外撇。上腹部有一道凸弦纹，弦纹下为线刻云雷纹。足上有一道凸弦纹。陶质细腻坚致，造型优美。

Grey pottery *Gui* vessel

Western Zhou Dynasty (mid-11th century BC – 771 BC)
Height: 16.0cm | top diameter: 24.5cm | base diameter: 12.5cm
Excavated from the Liulihe site in Fangshan District, Beijing
Collected by Capital Museum

灰陶斝

:: 西周（前11世纪中期—前771年）
:: 通高33.5厘米，口径21.5厘米
:: 北京市房山区琉璃河遗址出土
:: 首都博物馆藏

◎泥质灰陶，有盖，宽沿，盖面隆起，盖顶有蘑菇形钮。器身敛口，折沿，斜肩，鼓腹，三乳状袋足。盖面饰弦纹四道，肩部饰弦纹间绳纹，腹部饰竖向绳纹，袋足无纹饰。

Grey pottery *Jia* vessel

Western Zhcu Dynasty (mid-11th century BC – 771 BC)
Height: 33.5cm | top diameter: 21.5cm
Excavated from the Liulihe site in Fangshan District, Beijing
Collected by Capital Museum

带流罐

:: 战国（前475—前221）
:: 高27.5厘米，外口径18.4厘米，底径10.5厘米
:: 河北省易县燕下都遗址出土
:: 易县燕下都文物保管所藏

◎ 泥质灰陶。敞口，平沿外折，短颈，鼓腹，平底。罐口有一半筒状流槽，肩两侧各有一附贴环形钮。肩部及腹部饰凹弦纹。

Jar with lip

Warring States Period (475 BC – 221 BC)
Height: 27.5cm | outer top diameter: 18.4cm | base diameter: 10.5cm
Excavated from Yanxiadu site in Yi County, Hebei
Collected by Yanxiadu Cultural Relics Depository, Yi County

灰陶鼎

:: 战国（前475—前221）
:: 通高30.0厘米，口径20.0厘米，通耳宽41.3厘米，足高13.0厘米
:: 天津市东郊张贵庄出土
:: 天津博物馆藏
◎ 泥质灰陶。子口，弧形耳外翻，耳中部有长方形孔。半圆形腹，四方弓形足。素面。

Grey pottery *Ding* vessel

Warring States Period (475 BC – 221 BC)
Height: 30.0cm | top diameter: 20.0cm
width between: 41.3cm | height of feet: 13.0cm
Excavated from the Zhangguizhuang tomb site in the eastern suburbs of Tianjin
Collected by Tianjin Museum

红陶鬲

:: 战国（前475—前221）

:: 通高27.8厘米，口径13.2厘米，腹径15.4厘米，足高6.4厘米

:: 北京市通州区城市副中心胡各庄B05地块出土

:: 北京市文物研究所藏

◎ 夹砂红陶。侈口，平沿，圆唇，筒形腹，圆锥形足。器身饰绳纹。夹砂红陶鬲是东周燕文化的典型炊器。其陶色较红，陶土中有较多蚌壳、石英、云母等羼和料，颗粒较大，使陶器更加耐高温。

Red pottery *Li* vessel

Warring States Period (475 BC – 221 BC)

Height: 27.8cm | top diameter: 13.2cm | abdominal diameter: 15.4cm | height of feet: 6.4cm

Excavated from B05 at the Hugezhuang in Tongzhou Sub-centre, Beijing

Collected by Cultural Relics Institute of Beijing

灰陶匜

:: 战国（前475—前221）
:: 通高6.0厘米，口径15.5厘米
:: 天津地区出土
:: 元明清天妃宫遗址博物馆藏

◎ 泥质灰陶。器身为椭圆形。一侧有半筒状流，另一侧为带穿孔半圆形钮，平底。

Grey pottery *Yi* wine vessel

Warring States Period (475 BC – 221 BC)
Height: 6.0cm | top diameter: 15.5cm
Excavated from the Tianjin area
Collected by Yuan Ming Qing Tianfei Palace Heritage Site Museum

陶匜

:: 战国（前475—前221）
:: 通长25.5厘米，宽22.0厘米，高11.5厘米，底径8.0厘米
:: 河北省易县燕下都遗址出土
:: 易县燕下都文物保管所藏

◎ 泥质灰陶。器身为椭圆形。一侧有半筒状流，另一侧为带穿孔半圆形钮，平底。

Pottery *Yi* vessel

Warring States Period (475 BC – 221 BC)
Length: 25.5cm | width: 22.0cm | height: 11.5cm | base diameter: 8.0cm
Excavated from Yanxiadu site in Yi County, Hebei
Collected by Yanxiadu Cultural Relics Depository, Yi County

鱼鸟纹壶

:: 战国（前475—前221）
:: 通高47.2厘米，最大腹径24.0厘米，口径15.1厘米
:: 天津市东郊张贵庄墓地出土
:: 天津博物馆藏

◎带盖，盖上附贴三足。敞口，束颈，鼓腹，腹部下收，腹部两侧有简易铺首形钮，圈足。上腹部刻画三层纹饰，以粗凹弦纹间隔，上层为一周交叉线纹，中层为五只鸟纹，下层有六条鱼纹。

Fish and bird figure kettle

Warring States Period (475 BC – 221 BC)
Height: 47.2cm | maximum abdominal diameter: 24.0cm | top diameter: 15.1cm
Excavated from the Zhangguizhuang tomb site the eastern suburbs of Tianjin
Collected by Tianjin Museum

黑陶壶

:: 战国（前475—前221）

:: 高50.0厘米，外口径12.8厘米，底径15.8厘米

:: 河北省易县燕下都遗址出土

:: 易县燕下都文物保管所藏

◎隆盖，盖面等距附贴有三个作回首状的兽形立钮，钮间刻画『S』形卷云纹。子母口相接。器身敞口，长颈稍向内收，鼓腹，腹两侧各有一兽面衔环，环残缺。高圈足。器身颈部上层为奔虎图案，作张口昂首状，下层为鱼纹。肩部饰一周竖向的波浪纹，并以粗凸弦纹与上下两层纹饰间隔。上腹部的纹饰分为两层，上层为『S』形卷云纹和大小相套的三角形纹，下层为鱼纹，鱼的形态大小不一，两层以粗凸弦纹为间隔。下腹部有两周细凹弦纹。

Black pottery kettle

Warring States Period (475 BC – 221 BC)

Height: 50.0cm | outer top diameter: 12.8cm | base diameter: 15.8cm

Excavated from Yanxiadu site in Yi County, Hebei

Collected by Yanxiadu Cultural Relics Depository, Yi County

竹节柄灰陶豆

:: 战国（前475—前221）
:: 通高28.0厘米，口径16.6厘米，底径14.5厘米
:: 天津地区出土
:: 元明清天妃宫遗址博物馆藏

◎泥质灰陶。子口，直口，方唇，圆腹，高柄，平底。上腹部饰弦纹，柄部为竹节装饰。

Grey pottery *Dou* vessel with a bamboo shaped stem

Warring States Period (475 BC – 221 BC)
Height: 28.0cm | top diameter: 16.6cm | base diameter: 14.5cm
Excavated from the Tianjin area
Collected by Yuan Ming Qing Tianfei Palace Heritage Site Museum

叁　器饰雅用

人们对美与好的追求，体现在日常生活的各个方面。从实用器物的造型设计、纹样装饰到专门制作的用于器物和服装的装饰品，从整体到细节，从形式到内涵，无不表达了人们的审美观念和丰富的精神世界。

车軎

:: 西周（前11世纪中期—前771年）
:: 长20.5厘米，口径5.5厘米
:: 北京市房山区琉璃河遗址出土
:: 首都博物馆藏

◎ 长筒形，里端较粗，开口，以纳木轴头，外端较细而封顶，微圆鼓，有同心圆凸纹。靠近开口处在两侧开有相应的长方形辖孔，在未开辖孔的两侧接近筒中部而偏近顶端处还有两个对称的小圆孔，与辖孔方向相错，是为了加进楔子，以使轴与軎套合得更牢固。里端开口处一段平素无纹，因为这一段要插入毂里。靠外一段饰凸起的四瓣蕉叶纹，每瓣蕉叶纹底部各有一牛首纹。

◎ 车軎是指套在车轴两端的筒形铜器，既保护轴末，也制衡车毂，避免车轮外逸、脱落。

Chariot fitting

Western Zhou Dynasty (mid-11th century BC – 771 BC)
Length: 20.5cm | top diameter: 5.5cm
Excavated from the Liulihe site in Fangshan District, Beijing
Collected by Capital Museum

马首形衡末饰

::西周（前11世纪中期—前771年）
::长28.6厘米，口径1.6~2.1厘米
::北京市房山区琉璃河遗址出土
::首都博物馆藏

◎三段式曲管形。上端为一马首形象，上竖双耳，背有鬃毛，细长颈。下半部分一侧为圆弧形，一侧平直，下部中间有两个对称穿孔。

◎衡末饰是安装在车衡末两端的青铜饰件。

Horse head shaped chariot part

Western Zhou Dynasty (mid-11th century BC – 771 BC)
Length: 28.6cm | top diameter: 1.6 – 2.1cm
Excavated from the Liulihe site in Fangshan District, Beijing
Collected by Capital Museum

车辖

:: 西周（前11世纪中期—前771年）
:: 长11.6厘米，宽5.7厘米
:: 北京市房山区琉璃河遗址出土
:: 首都博物馆藏

◎ 辖首为圆雕兽首，圆眼，阔鼻，鼻上有一菱形凸饰，两个硕大凸起的圆形卷眉之间有半环状竖钮，眉两旁有方形对穿孔，腮部肌肉凸起，背面平坦。后接薄片形铜键，铜键下端出軎部分有方穿以穿连皮条。

◎ 辖是插入铜軎侧壁上的销子，插入铜軎与轴里，既起到将车軎固定在轴上的作用，外露的辖首也可以阻挡车毂外移，达到固定车轮的目的。此类型铜辖流行于商代早期至春秋早期，春秋中期已经很少见，春秋晚期之后消失。

A lynchpin for a chariot

Western Zhou Dynasty (Mid-11th century BC – 771 BC)
Length: 11.6cm | width: 5.7cm
Excavated from the Liulihe site in Fangshan District, Beijing
Collected by Capital Museum

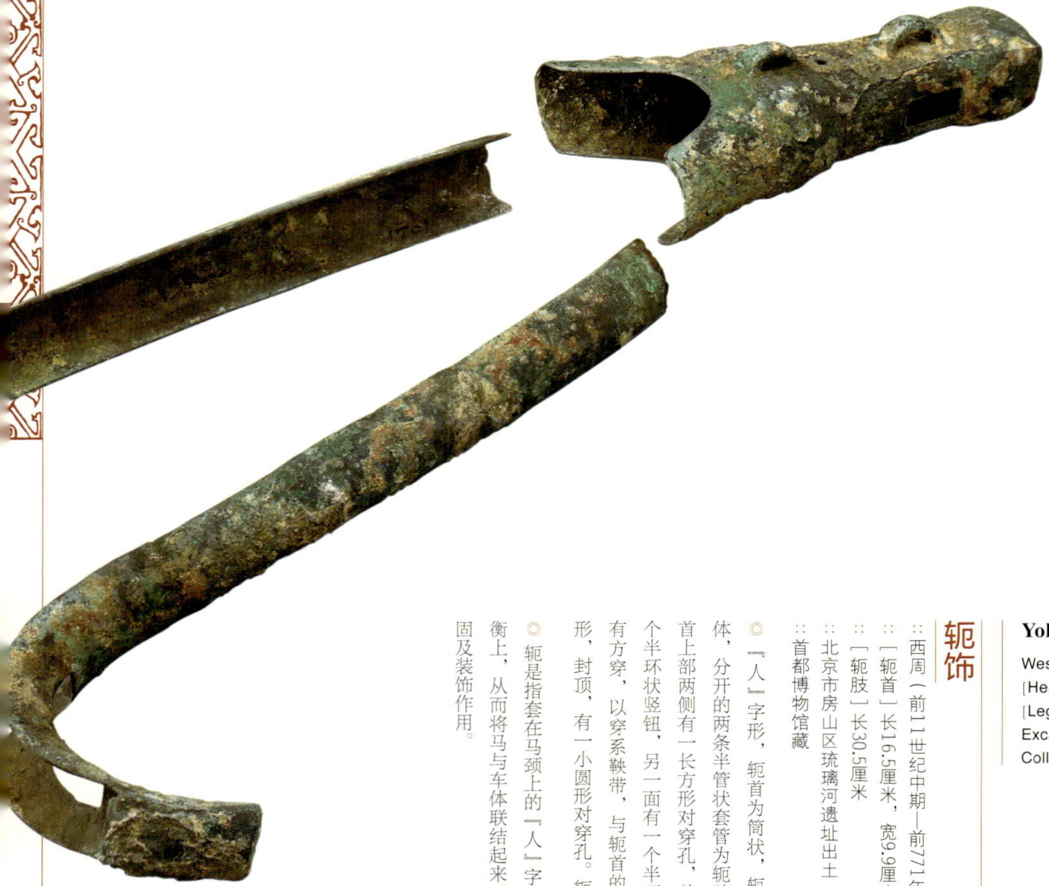

轭饰

::西周（前11世纪中期—前771年）
::［轭首］长16.5厘米，宽9.9厘米
::［轭肢］长30.5厘米
::北京市房山区琉璃河遗址出土
::首都博物馆藏

◎『人』字形，轭首为筒状，轭首、轭箍与轭肢的上部连铸为一体，分开的两条半管状套管为轭肢。轭首中空，平顶，不封顶。轭首上部两侧有一长方形对穿孔，前后有一小圆形对穿孔，一面有两个半环状竖钮，另一面有一个半环状竖钮。轭肢为半管状，勾曲处有方穿，以穿系鞅带，与轭首的结合处上下叠压。轭足为管状钩形，封顶，有一小圆形对穿孔。轭足与轭肢连铸。

◎轭是指套在马颈上的『人』字形木条，末端向上卷曲，上端缚于衡上，从而将马与车体联结起来。铜轭饰包附在木轭之上，具有加固及装饰作用。

Yoke accessory

Western Zhou Dynasty (Mid-11th century BC – 771 BC)
[Head] Length: 16.5cm | width: 9.9cm
[Leg] Length: 30.5cm
Excavated from the Liulihe site in Fangshan District, Beijing
Collected by Capital Museum

轴饰

:: 西周（前11世纪中期—前771年）
:: 长21.3厘米，宽12.8厘米
:: 北京市房山区琉璃河遗址出土
:: 首都博物馆藏

◎ 由两节组成。一节是椭圆形短筒，短筒通透，两端粗细略有不同，粗的一端有向外折出的边沿。另一节是由短筒椭圆形长径方向竖直接一梯形平板。短筒和梯形平板的表面装饰有兽面纹。

◎ 轴饰是位于车舆和毂之间的轴上，保护车轴、车毂的器物。短筒套在车轴上，梯形板指向车毂。从西周早期开始，轴饰均为青铜等金属制成，以青铜为主。

Axle part for a chariot

Western Zhou Dynasty (Mid-11th century BC – 771 BC)
Length: 21.3cm | width: 12.8cm
Excavated from the Liulihe site in Fangshan District, Beijing
Collected by Capital Museum

衔镳

:: 西周（前11世纪中期—前771年）
:: 长11.5厘米，宽5.0厘米；衔长15.6厘米
:: 北京市房山区琉璃河遗址出土
:: 首都博物馆藏

Bridle bit

Western Zhou Dynasty (Mid-11th century BC – 771 BC)
Length: 11.5cm | width: 5.0cm | bit length: 15.6cm
Excavated from the Liulihe site in Fangshan District, Beijing
Collected by Capital Museum

◎ 镳为角形，上部宽圆，往下逐渐呈弧形收窄，宽圆处有一纳衔孔，正面装饰有三组大小、曲度不同的曲状弦纹。铜镳背面平坦内凹，有一个半环状横钮和两个半环状竖钮。铜衔与其配套使用，为两节式，其中一节的两环呈横竖方向扭曲。这样的两节互套在一起后，外侧的两个环就处在同一平面上。内环形状为长径方向与衔身相同的水滴形，外环形状为长径方向与衔身垂直的长方形，内环相互套接，外环自镳的纳衔孔通过。

◎ 衔是横勒在马口中的器具。镳安装在马的嘴角两侧，主要用于固定衔。

兽面当卢

:: 西周（前11世纪中期—前771年）

:: 通长31.5厘米，宽10.5厘米

:: 北京市房山区琉璃河遗址出土

:: 首都博物馆藏

◎顶部的兽面上宽下窄，凸鼻，凸目有两个圆孔，凸眉为旋涡状圆形，鼻上方有一菱形凸饰。兽面下连接半管状垂梁，边有平缘。兽面背面两侧各有一半环状竖钮，垂梁背面有一横钮。

◎当卢是置于马面额前中间，用以保护头骨且作装饰的铜饰。

Horse’s bridle decoration with a bestial design

Western Zhou Dynasty (Mid-11th century BC – 771 BC)

Length: 31.5cm | width: 10.5cm

Excavated from the Liulihe site in Fangshan District, Beijing

Collected by Capital Museum

轙

∷西周（前11世纪中期—前771年）
∷长21.1厘米，宽6.7厘米
∷北京市房山区琉璃河遗址出土
∷首都博物馆藏

◎轙环上装饰有绹索纹，轙下的衡饰呈筒瓦形，中部有两个方形对称穿孔，两端下凹。系于马嘴角的辔绳向后牵至御者手中，中间要经过车衡，为防止辔绳彼此混淆纠结，而将部分辔绳从衡上轭两侧的两个或四个小环中分别穿过，这些贯辔小环称为轙。目前可确认的最早的铜轙是西周早期的。

Chariot part

Western Zhou Dynasty (Mid-11th century BC – 771 BC)
Length: 21.1cm | width: 6.7cm
Excavated from the Liulihe site in Fangshan District, Beijing
Collected by Capital Museum

銮

∷西周（前11世纪中期—前771年）
∷高17.5厘米，口径2.4～2.9厘米
∷北京市房山区琉璃河遗址出土
∷首都博物馆藏

◎上部为笼形铃体，呈圆形，内含铜丸，周边为宽缘，边缘上半周有四个圆角矩形镂孔，下半周有两个长弧形镂孔。中间扁球状部分两面各有呈放射状分布的八个三角形镂孔，正中有圆形镂孔。铃体与底座之间有颈。下部为方銎座，銎座四面纹饰相同，均饰两条纵向凸棱，中间纵向排列七个凸菱形，座下部前后有对穿孔。

◎銮即立在车上的铜铃，出现于西周早期，西周时期一直盛行。到了春秋战国时期，銮就比较少见了。

Tinkling bell

Western Zhou Dynasty (Mid-11th century BC – 771 BC)
Height: 17.5cm | top diameter: 2.4 – 2.9cm
Excavated from the Liulihe site in Fangshan District, Beijing
Collected by Capital Museum

玉纺轮

:: 西周（前11世纪中期—前771年）
:: 径4.7厘米
:: 北京市房山区琉璃河遗址M207出土
:: 首都博物馆藏

玉质一面为灰绿色，一面受沁后略呈灰白色。中间有一圆孔，较小，光素无纹。虽然残缺，但磨制工艺非常规整，一丝不苟。

Small jade disc with a central hole

Western Zhou Dynasty (Mid-11th century BC – 771 BC)
Diameter: 4.7cm
Excavated from M207 at the Liulihe site in Fangshan District, Beijing
Collected by Capital Museum

玉柄形器

::西周（前11世纪中期—前771年）

::长15.0厘米

::北京市房山区琉璃河遗址M51出土

::首都博物馆藏

◎玉质白色，较光润。体为长柱形，柄上饰双阳线纹，通体抛光。

Jade handle

Western Zhou Dynasty (Mid-11th century BC – 771 BC)
Length: 15.0cm
Excavated from M51 at the Liulihe site in Fangshan District, Beijing
Collected by Capital Museum

凤形玉佩

::西周（前11世纪中期—前771年）
::残长6.5厘米
::北京市房山区琉璃河遗址M60出土
::首都博物馆藏
◎青白玉质，局部有沁，凤首残缺。双面雕刻，鸟身及尾羽均采用勾撤技法雕刻。

Jade phoenix

Western Zhou Dynasty (Mid-11th century BC – 771 BC)
Length: 6.5cm
Excavated from M60 at the Liulihe site in Fangshan District, Beijing
Collected by Capital Museum

玉环

::西周（前11世纪中期—前771年）
::径3.9厘米，高2.0厘米
::北京市房山区琉璃河遗址M50出土
::首都博物馆藏
◎玉质白色，间有黑色，表面光素。

Jade ring

Western Zhou Dynasty (Mid-11th century BC – 771 BC)
Diameter: 3.9cm | height: 2.0cm
Excavated from M50 at the Liulihe site in Fangshan District, Beijing
Collected by Capital Museum

玉璜

:: 西周（前11世纪中期—前771年）
:: 长7.0厘米
:: 北京市房山区琉璃河遗址M205出土
:: 首都博物馆藏
◎ 玉质受沁呈白色，璜首两端各有一孔，通体光素无纹。

Jade *Huang* accessory

Western Zhou Dynasty (Mid-11th century BC – 771 BC)
Length: 7.0cm
Excavated from M205 at the Liulihe site in Fangshan District, Beijing
Collected by Capital Museum

石玦

:: 西周（前11世纪中期—前771年）
:: 径3.2厘米
:: 北京市房山区琉璃河遗址M341出土
:: 首都博物馆藏
◎ 黑色石质，通体光素，碾琢规整，边沿及钻孔处理手法细腻。

Penannular stone ring

Western Zhou Dynasty (Mid-11th century BC – 771 BC)
Diameter: 3.2cm
Excavated from M341 at the Liulihe site in Fangshan District, Beijing
Collected by Capital Museum

鱼形玉佩

:: 西周（前11世纪中期—前771年）
:: 长4.0厘米
:: 北京市房山区琉璃河遗址M202出土
:: 首都博物馆藏

◎玉质温润细腻，雕琢精致。鱼为圆形眼，嘴部及下颚处有孔可供穿系，利用玉料的天然皮色巧做鱼腹，鱼鳍及鱼尾则用短细阴线装饰。器物虽小，但琢磨精致。

Jade fish

Western Zhou Dynasty (Mid-11th century BC – 771 BC)
Length: 4.0cm
Excavated from M202 at the Liulihe site in Fangshan District, Beijing
Collected by Capital Museum

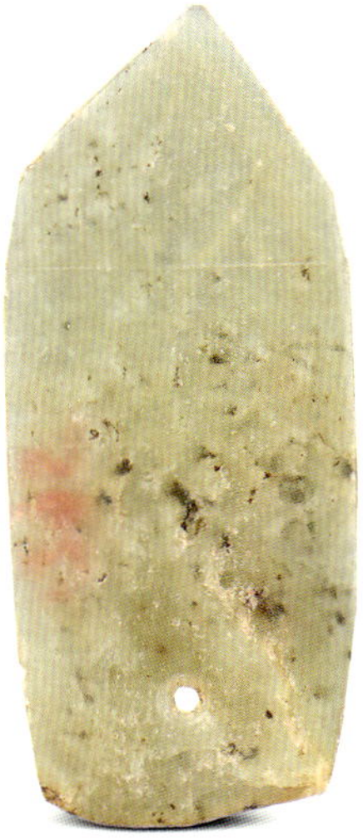

玉圭

:: 西周（前11世纪中期—前771年）
:: 长5.5厘米，宽2.4厘米
:: 北京市房山区琉璃河遗址M203出土
:: 首都博物馆藏
◎ 玉质绿色，中间有杂质。体扁薄，尖顶，下部有穿孔。

Jade tablet

Western Zhou Dynasty (mid-11th century BC – 771 BC)
Length: 5.5cm | width: 2.4cm
Excavated from M203 at the Liulihe site in Fangshan District, Beijing
Collected by Capital Museum

玉蚕

:: 西周（前11世纪中期—前771年）
:: ［左］长1.9厘米
:: ［右］长1.8厘米
:: 北京市房山区琉璃河遗址M264出土
:: 首都博物馆藏
◎ 青玉质，蚕为大头，从首至尾分以阴线刻画出蚕身，共有四节。

A pair of jade silkworm

Western Zhou Dynasty (Mid-11th century BC – 771 BC)
[Left] Length: 1.9cm
[Right] Length: 1.8cm
Excavated from M264 at the Liulihe site in Fangshan District, Beijing
Collected by Capital Museum

玉马

::西周（前11世纪中期—前771年）
::长2.9厘米，高2.0厘米
::北京市房山区琉璃河遗址M205出土
::首都博物馆藏
◎玉质青色带黑色杂质，马作回首状，坐卧式，立雕。马眼为三角形。

Jade horse

Western Zhou Dynasty (Mid-11th century BC – 771 BC)
Length: 2.9cm | height: 2.0cm
Excavated from M205 at the Liulihe site in Fangshan District, Beijing
Collected by Capital Museum

水晶珠

::西周（前11世纪中期—前771年）
::直径0.9~1.5厘米
::天津东郊张贵庄墓地出土
::天津博物馆藏

Crystal beads

Western Zhou Dynasty (Mid-11th century BC – 771 BC)
Diameter: 0.9 – 1.5cm
Excavated from the Zhangguizhuang tomb site in the eastern suburbs of Tianjin
Collected by Tianjin Museum

绿松石串珠

:: 西周（前11世纪中期—前771年）
:: 天津地区出土
:: 元明清天妃宫博物馆藏

String of calaite beads

Western Zhou Dynasty (Mid-11th century BC – 771 BC)
Excavated from the Tianjin area
Collected by Yuan Ming Qing Tianfei Palace Heritage Site Museum

石质项链

:: 西周（前11世纪中期—前771年）
:: 长0.5~1.3厘米，孔径0.2厘米
:: 天津东郊张贵庄墓地出土
:: 天津博物馆藏

Stone necklace

Western Zhou Dynasty (Mid-11th century BC – 771 BC)
Length: 0.5 – 1.3cm | bore diameter: 0.2cm
Excavated from the Zhangguizhuang tomb site in the eastern suburbs of Tianjin
Collected by Tianjin Museum

铜簪

::西周（前11世纪中期—前771年）
::通长20.0厘米
::天津地区出土
::元明清天妃宫博物馆藏

Bronze hairpin

Western Zhou Dynasty (Mid-11th century BC – 771 BC)
Length: 20.0cm
Excavated from the Tianjin area
Collected by Yuan Ming Qing Tianfei Palace Heritage Site Museum

石璜

::战国（前475—前221）
::长18.6厘米
::河北省易县燕下都M30出土
::河北省文物研究所藏

Stone *Huang* accessory

Warring States Period (475 BC – 221 BC)
Length: 18.6cm
Excavated from M30 at Yanxiadu site in Yi County, Hebei
Collected by Cultural Relics Institute of Hebei Province

龙形滑石片

:: 战国（前475—前221）
:: 长9.2厘米，宽4.85厘米，厚0.5厘米
:: 河北省易县燕下都M30出土
:: 河北省文物研究所藏

Decorative stone in the shape of a dragon

Warring States Period (475 BC – 221 BC)
Length: 9.2cm | width: 4.85cm | thickness: 0.5cm
Excavated from M30 at Yanxiadu site in Yi County, Hebei
Collected by Cultural Relics Institute of Hebei Province

陶珠

:: 战国（前475—前221）
:: 径1.7～2.5厘米
:: 河北省易县燕下都M30出土
:: 河北省文物研究所藏

Pottery beads

Warring States Period (475 BC – 221 BC)
Diameter: 1.7 – 2.5cm
Excavated from M30 at Yanxiadu site in Yi County, Hebei
Collected by Cultural Relics Institute of Hebei Province

错金银嵌绿松石铜带钩

:: 战国（前475—前221）
:: 长24.9厘米，宽0.9～3.6厘米，桥高4.3厘米
:: 河北省易县燕下都遗址出土
:: 易县燕下都文物保管所藏

Bronze belt hook inlaid with turquoise, gold and silver

Warring States Period (475 BC – 221 BC)
Length: 24.9cm | width: 0.9 – 3.6cm | bridge height: 4.3cm
Excavated from Yanxiadu site in Yi County, Hebei
Collected by Yanxiadu Cultural Relics Depository, Yi County

铜带钩
::战国（前475—前221）
::河北省文物研究所藏

Bronze belt hook
Warring States Period (475 BC – 221 BC)
Collected by Cultural Relics Institute of Hebei Province

铜带钩

::战国（前475—前221）
::河北省易县燕下都武阳台遗址采集
::河北省文物研究所藏

Bronze belt hook

Warring States Period (475 BC – 221 BC)
Excavated from Wuyangtai at Yanxiadu site in Yi County, Hebei
Collected by Cultural Relics Institute of Hebei Province

Part III Skillful Crafts

Craft production reflects the socio-economic development and culture achievements. The Yan State was a country rich in various resources. *The Ritual of Zhou* documented it was "favorable for fishery and salt production, *The Book of Han* said that the Yan State was "abundant with fishery, salt, dates and chestnuts". Archaeological findings also establish that from the middle era of the Warring States Period (475 BC – 221 BC), a craft industry had developed not only very quickly but also in a wide variety of fields including objects in bronze, iron, pottery, jade, lacquer, bone, and shell. Iron smelting was the foremost industry in all states. The economic development of the Yan State created a perfect environment to promote political expansion and cultural development.

第三部分 巧工百作

∷手工业生产集中体现了社会的经济发展水平和物质文化成就。燕国的自然资源相对丰富。《周礼·夏官·职方氏》载幽州『其利渔盐』；《汉书·地理志》中也有燕国『有渔盐枣栗之饶』的记载。从考古发现来看，燕国的手工业不仅门类齐全，而且发展水平较高，主要包括青铜器、铁器、陶器、玉石器、漆器、骨蚌器等，尤以战国时期的冶铁技术水平较为突出，在列国中居领先地位。燕国经济的发展为其政治扩张和文化发展提供了有力的经济保障。

壹　青铜铸造

燕国青铜器种类丰富，铸造工艺较为精湛。北京房山琉璃河遗址铸铜陶范的出土，表明燕国有独立的青铜铸造生产；河北易县燕下都遗址城内手工业生产区已设专门的铸铜作坊。燕国青铜器的风格除具有中原周文化的特征外，还大量吸收了北方草原民族文化的因素，如以虎、牛等形象为器足装饰，以鹰、马等形象为器首装饰，是燕国青铜器的独特之处。

伯矩鬲

:: 西周早期（前11世纪中期—前10世纪中期）
:: 通高33.0厘米，口径22.9厘米，腹径24.2厘米
:: 北京市房山区琉璃河遗址M251出土
:: 首都博物馆藏

盖呈圆形，中央为立钮，盖体两边开槽，以便盖在器身的立耳之上。口沿外折，方唇，立耳稍外撇，束颈，弧腹，分裆袋足。盖面饰以两个相背牛首形兽面纹，角端翘立于外，两两相对，与器耳齐平。盖顶中央以两个立体的写实牛首相背组成盖钮。器身颈部以六条扉棱分隔成六段，每段各饰一龙，龙首均朝向扉棱。鬲的腹部饰以三组牛首形兽面纹，角端翘立于外，与盖面牛首形兽面纹遥相呼应。盖内及器身颈内壁各铸有相同的铭文：『才（在）戊辰，匽（燕）侯赐白（伯）矩贝，用乍（作）父戊尊彝』。盖内四行十五字，颈内壁五行十五字。此鬲造型雄伟壮观，制作考究，工艺精湛，尤其在艺术构思方面独具匠心，代表了西周早期燕国青铜器铸造工艺的高超水平。

***Boju Li* vessel**

Western Zhou Dynasty (Mid-11th century BC – Mid-10th century BC)
Height: 33.0cm | top diameter: 22.9cm | abdominal diameter: 24.2cm
Excavated from M251 at the Liulihe site in Fangshan District, Beijing
Collected by Capital Museum

圉簋

:: 西周（前11世纪中期—前771年）

:: 通高26.5厘米，口径13.4厘米

:: 北京市房山区琉璃河遗址M253出土

:: 首都博物馆藏

◎ 圜顶盖，盖顶正中置一圆形捉手，捉手上有方形小镂孔。口敛，内折为子口，鼓腹，腹两侧置半环状兽首耳，耳下接垂珥。圈足，下接方形座。盖顶前后各饰一兽面纹，其两侧各配饰一倒立状夔龙纹。口沿下两耳前后各饰一凸起的兽首，以兽首及两耳将口沿均分为四段，每段饰两组夔纹。腹部前后各饰一兽面纹，其两侧各配饰一倒立状夔龙纹。圈足饰一周夔龙纹，方座四面各饰一组兽面纹，其两侧各配饰一倒立状夔龙纹。盖内铸有铭文三行十四字：『王奉于成周，王赐圉贝，用乍（作）宝尊彝』。器内底铭文两行六字：『伯鱼作宝尊彝』。盖器铭文虽不同，但风格统一。

Yu gui vessel

Western Zhou Dynasty (Mid-11th century BC – 771 BC)

Length: 26.5cm | top diameter: 13.4cm

Excavated from M253 at the Liulihe site in Fangshan District, Beijing

Collected by Capital Museum

以地处大凌河河畔的辽宁省喀喇沁左翼蒙古族自治县（喀左县）为中心的辽西地区，是燕国都城以外一处重要的西周燕文化分布地。先后在喀左县小城子村、海岛营子村、喀左北洞村笔架山顶（2处）、喀左山湾子村、喀左小波汰沟、喀左和尚沟及喀左高架东发现多处商末至西周早期的青铜器窖藏遗迹。喀左地区出土部分铜器与北京琉璃河燕国墓地出土的铜器关系十分密切，不仅两地出土铜器铭文中的“匽侯”二字的字体完全一致，而且“䀠侯亚吴”铭文也见于北京卢沟桥出土的亚盉，伯矩所作之器在琉璃河遗址也有发现。而且，琉璃河遗址 M253 出土的方鼎、甗、卣等器，其铭文内容与喀左小波汰沟所出圉簋相同，作器者应为同一人。上述考古发现说明，燕国在建国后不久就已开始对辽西地区的经略。

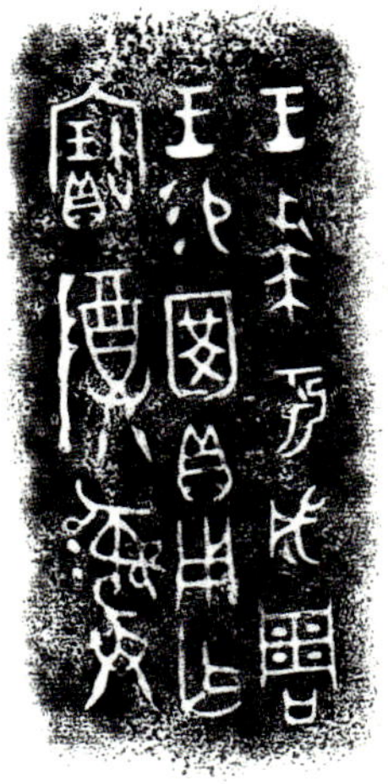

辽宁省喀左县青铜器窖藏出土圉簋

◎ 比较典型的中原形制的方座簋。耳部除牺首外，还铸有虎噬猪的形象。虎噬猪是北方民族喜用的题材，因此这件铜簋反映了燕国青铜器吸收北方民族文化进而形成自身地域性特征的表现。此件器物采用了圆雕和平雕相结合的表现手法。

◎ 铭文：“王奉于成周，王易（赐）圉贝，用乍（作）宝尊彝。”记录了圉受燕侯赏赐，去成周参加周王举行的典礼，并受到周王赏赐的史实。这表明西周时期燕国与周王室往来密切。

河北省易县燕下都遗址出土透雕龙凤纹铜铺首

◎ 这件铺首采用浮雕、透雕和阴刻相结合的铸造及装饰工艺。造型精准生动，布局错落有致，线条婉转细腻，艺术风格严谨，具有浓浓的历史厚重感。它是目前所见我国最大的战国时期铜铺首。

蟠螭纹壶

:: 战国（前475—前221）
:: 通高40.5厘米，口径12.0厘米，底径16.5厘米
:: 北京市顺义区南彩镇出土
:: 首都博物馆藏

◎圜顶盖，盖口下折内收，上置四环形钮，环钮末端呈鸟喙状。小侈口，束颈，鼓腹，肩上两侧置对称铺首衔环，圈足。盖顶中心饰涡纹，其外饰蟠螭纹，腹饰四条宽带凹弦纹，其间亦饰蟠螭纹，纹饰层次分明。

Kettle decorated with an interlaced snake pattern

Warring States Period (475 BC – 221 BC)
Height: 40.5cm | top diameter: 12.0cm | base diameter: 16.5cm
Excavated from Nancai town in Shunyi District, Beijing
Collected by Capital Museum

深腹豆

:: 战国（前475—前221）
:: 通高20.0厘米，口径17.5厘米，底径10.0厘米
:: 北京市延庆区古城村出土
:: 首都博物馆藏

◎ 深弧盖，上有盘形短柄捉手，盖口罩在器的子口外，取下后倒置即可成为一食盘。器身直口，腹部弧形斜收为圜底，下接矮足柄，下段外撇为盘形圈足。腹部两侧置对称的宽环形耳。盖顶捉手饰有三角纹一周，盖面饰三角纹、菱格纹各一周，间以宽条纹为界。器腹亦饰菱格纹、三角纹各一周，间以宽条纹为界。

Dou vessel with an enlarged waist

Warring States Period (475 BC – 221 BC)
Height: 20.0cm | top diameter: 17.5cm | base diameter: 10.0cm
Excavated from Gucheng village in Yanqing District, Beijing
Collected by Capital Museum

羽翅纹提梁壶

:: 战国（前475—前221）
:: 通高37.0厘米，腹径22.0厘米
:: 河北博物院藏

◎ 小口，长颈，鼓腹，圈足。盖上有提梁，提梁穿过一大环，与壶身两侧的链相连。颈部饰有一组三角纹，三角纹内为两对盘龙纹。腹部饰有五层带状羽翅纹，以素面环带间隔。

Bronze pot with a loop handle decorated with a feathered wing pattern

Warring States Period (475 BC – 221 BC)
Height: 37.0cm | abdominal diameter: 22.0cm
Collected by Hebei Museum

变形虺纹敦

:: 战国（前475—前221）
:: 通高22.0厘米，径15.5厘米
:: 北京市通州区中赵甫村出土
:: 首都博物馆藏

◎ 长圆体，盖器相符，合则为一器，分则为二器。盖和器皆置三个环钮或三环足，钮与足末端呈鸟喙状，器上腹部两侧各置一环耳。盖与器腹部纹饰基本相同，在交错的三角形内填以对称的变形虺纹；长方格围以雷纹边框，中间夹以相背的两个『S』形变形虺纹。盖顶中心饰涡纹，钮饰斜角云纹。此敦造型优美，纹饰精致，繁缛细腻，是研究燕国青铜文化的有价值的实物资料。

Dun vessel decorated with a deformed interlaced snake pattern

Warring States Period (475 BC – 221 BC)
Height: 22.0cm | diameter: 15.5cm
Excavated from Zhongzhaofu village in Tongzhou District, Beijing
Collected by Capital Museum

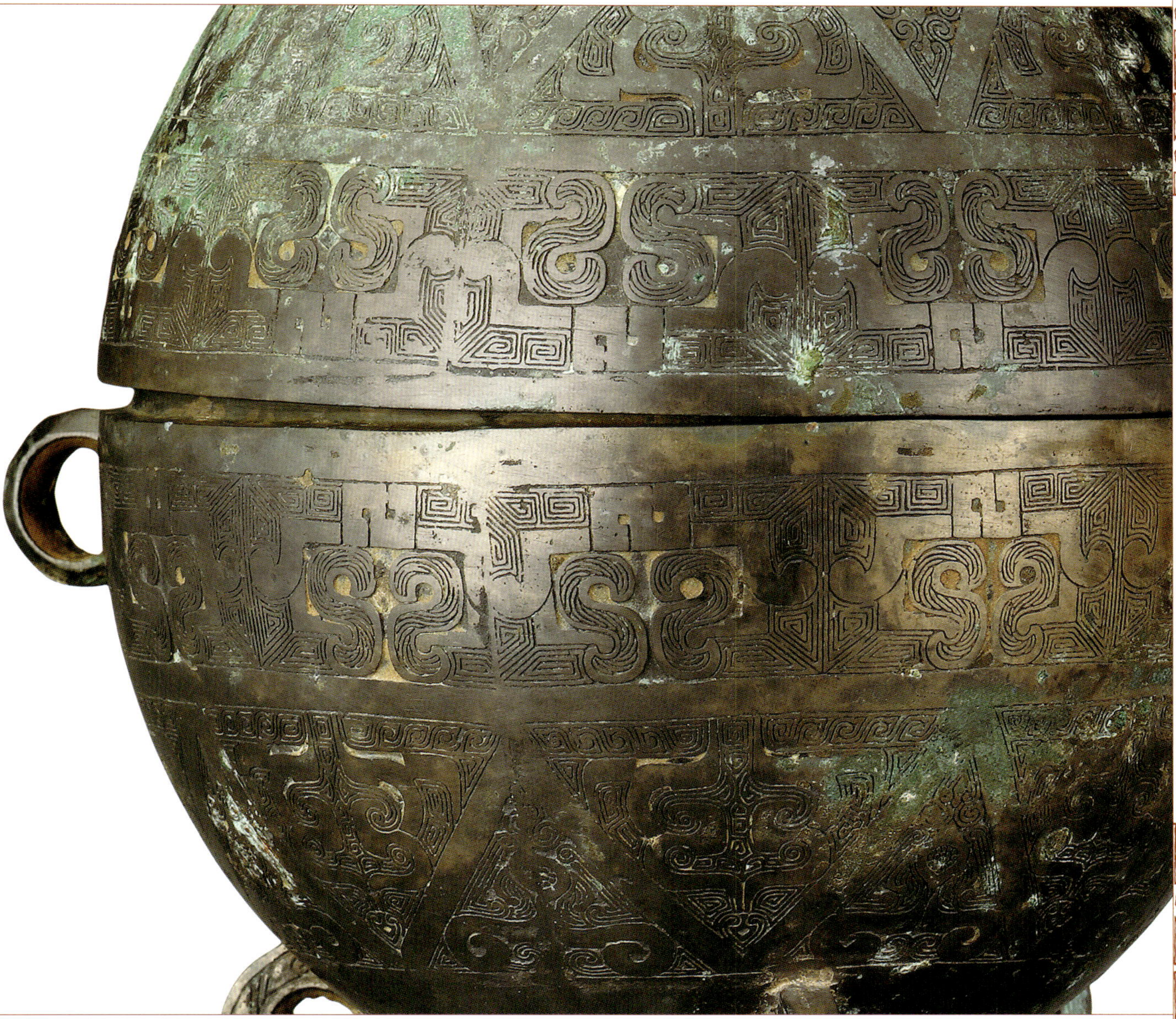

蟠螭纹高足豆

:: 战国（前475—前221）
:: 通高50.0厘米，口径16.5厘米
:: 北京市文物研究所藏

◎半圆形盖，盖上有三枚细长柱形钮。半圆腹，腹侧附有二环耳。高柄，圈足。盖顶饰有涡纹、绹纹和大三角纹，三角纹内填以宽体变形蟠螭纹。腹部亦饰以变形蟠螭纹和大三角纹。钮部和环耳均饰以斜角云纹。柄部饰有贝纹、绹纹和蝉纹。圈足饰变形螭纹。该豆的器盖倒过来便为高足盘。这种细长柄、圆盖上有三足的铜豆是燕文化特有的造型。

High stem *Dou* vessel decorated with a curled up dragon pattern

Warring States Period (475 BC – 221 BC)
Height: 50.0cm | top diameter: 16.5cm
Collected by Cultural Relics Institute of Beijing

贰　铁器冶铸

战国时期是铁器冶铸业的大发展阶段，燕国在冶铸铁器方面的成就尤为显著。河北易县燕下都遗址发现三处铁器作坊，出土了种类丰富的铁器。河北兴隆县燕国矿冶遗址也出土了一批制作精美的铁铸范。通过对这些冶铸材料的研究，可知燕国铁器的成型方法依据铸器的种类，既有铸造成型，也有锻造成型，并采用了淬火加工工艺。

燕国铁器种类十分丰富，有农具、手工工具、兵器和刑具等。铁器在促进燕国经济的发展和对外军事扩张中发挥了重要作用。

铁锄

:: 战国（前475—前221）
:: 长19.6厘米，锄面宽11.0厘米
:: 河北省易县燕下都遗址出土
:: 易县燕下都文物保管所藏

Iron hoe

Warring States Period (475 BC – 221 BC)
Length: 19.6cm | width of hoe surface: 11.0cm
Excavated from Yanxiadu site in Yi County, Hebei
Collected by Yanxiadu Cultural Relics Depository, Yi County

铁镰

:: 战国（前475—前221）
:: 最长16.5厘米，宽4.4厘米
:: 河北省易县燕下都遗址出土
:: 易县燕下都文物保管所藏

Iron sickle

Warring States Period (475 BC – 221 BC)
Maximum length: 16.5cm | width: 4.4cm
Excavated from Yanxiadu site in Yi County, Hebei
Collected by Yanxiadu Cultural Relics Depository, Yi County

铁铲

:: 战国（前475—前221）
:: 通长13.0厘米，最宽处10.5厘米，最厚处2.8厘米
:: 河北省易县燕下都遗址出土
:: 易县燕下都文物保管所藏

Iron shovel

Warring States Period (475 BC – 221 BC)
Length: 13.0cm | maximum width: 10.5cm | maximum thickness: 2.8cm
Excavated from Yanxiadu site in Yi County, Hebei
Collected by Yanxiadu Cultural Relics Depository, Yi County

铁二齿镐

:: 战国（前475—前221）
:: 长15.0厘米，宽10.0厘米
:: 天津市武清区兰城出土
:: 天津博物馆藏

◎ 战国时期是铁器广泛使用于社会生产生活的时代。天津平原地区也在这时开始了较大规模的人类活动。铁农具的出现，提高了生产效率，促进了农业的快速发展。

Iron two-toothed pickaxe

Warring States Period (475 BC – 221 BC)
Length: 15.0cm | width: 10.0cm
Excavated from Lancheng in Wuqing District, Tianjin
Collected by Tianjin Museum

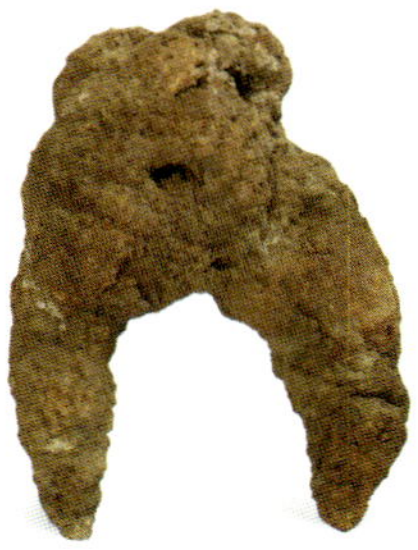

铁凿

::战国（前475—前221）
::长18.3厘米，最宽3.2厘米
::河北省易县燕下都遗址出土
::易县燕下都文物保管所藏

Iron chisel

Warring States Period (475 BC – 221 BC)
Length: 18.3cm | maximum width: 3.2cm
Excavated from Yanxiadu site in Yi County, Hebei
Collected by Yanxiadu Cultural Relics Depository, Yi County

铁刀

::战国（前475—前221）
::长21.0厘米，刀身宽2.0厘米，刀柄宽1.4厘米
::河北省易县燕下都遗址出土
::易县燕下都文物保管所藏

Iron cutter

Warring States Period (475 BC – 221 BC)
Length: 21.0cm | body width: 2.0cm | handle width: 1.4cm
Excavated from Yanxiadu site in Yi County, Hebei
Collected by Yanxiadu Cultural Relics Depository, Yi County

铁镦

::战国（前475—前221）
::长8.0厘米，口径3.0～3.5厘米
::河北省易县燕下都遗址出土
::易县燕下都文物保管所藏

Iron ferrule

Warring States Period (475 BC – 221 BC)
Length: 8.0cm | top diameter: 3.0 – 3.5cm
Excavated from Yanxiadu site in Yi County, Hebei
Collected by Yanxiadu Cultural Relics Depository, Yi County

副将沟遗址

1953 年，河北兴隆县副将沟村出土了 87 件战国铁范。这些铁范大多为铸造农业生产工具的铸范，包括镢范、锄范、凿范、斧范等，另有车具范。铁范上铸有“右廪”铭文，应为有关官营作坊机构的名称。经对铁范进行化学成分和金相组织分析可知，它是用高温下炼出的生铁水浇铸成型的。这是我国在战国已有生铁的确凿证据，比欧洲各国早 1500 年。

铁镢范

:: 战国（前475—前221）
:: [外范] 长27.5厘米，宽10.8厘米，高7.0厘米
:: [内范] 长22.3厘米，宽8.1厘米，高3.5厘米
:: 河北省兴隆县副将沟冶铁遗址出土
:: 河北博物院藏

◎ 分为内范和外范。外范背面有弓形把手。外范上部有槽，用来卡住内范；下部槽口与内范之间形成型腔，可浇注铁水，铸成铁器。

◎ 铁范铸造被称为我国古代三大铸造技术之一。用铁范铸造的铁器器形规整，表面光洁，并且可以重复使用，大大提高了生产效率。

A two-piece mould of iron shovel

Warring States Period (475 BC – 221 BC)
[Outer] Length: 27.5cm | width:10.8cm | height: 7.0cm
[Inside] Length: 22.3cm | width: 8.1cm | height: 3.5cm
Excavated from an iron smelting relic at Fujianggou site in Xinglong County, Hebei
Collected by Hebei Museum

铁脖枷

战国（前475—前221）
长31.0厘米，16.0厘米，高18.0厘米
河北省易县东斗村采集
河北省文物研究所藏

Iron neck shackle

Warring States Period (475 BC – 221 BC)
Length: 31.0cm, 16.0cm | height: 18.0cm
Acquired from Dongdou Village in Yi County,Hebei
Collected by Cultural Relics Institute of Hebei Province

铁脚镣

战国（前475—前221）
长62.0厘米，宽12.0厘米
河北省易县西沈村采集
河北省文物研究所藏

Iron fetters

Warring States Period (475 BC – 221 BC)
Length: 62.0cm | lwidth: 12.0cm
Acquired from Xishen Village in Yi County,Hebei
Collected by Cultural Relics Institute of Hebei Province

叁　货通贸易

燕国的货币有刀币、布币和圜钱三大类，其中以刀币数量最多、分布最广。燕国刀币大致有两种形制：一种是尖首刀，大约出现在春秋时期；一种是明刀，大约出现在战国中期。

燕国货币除了在燕文化的中心区即今北京、天津、河北等地有出土外，在辽宁、吉林、内蒙古、山东、河南、陕西、山西等地也有发现，甚至在朝鲜的北部、南部及日本都有发现。由此可见燕国商品经济的发展水平及其货币文化的影响力。

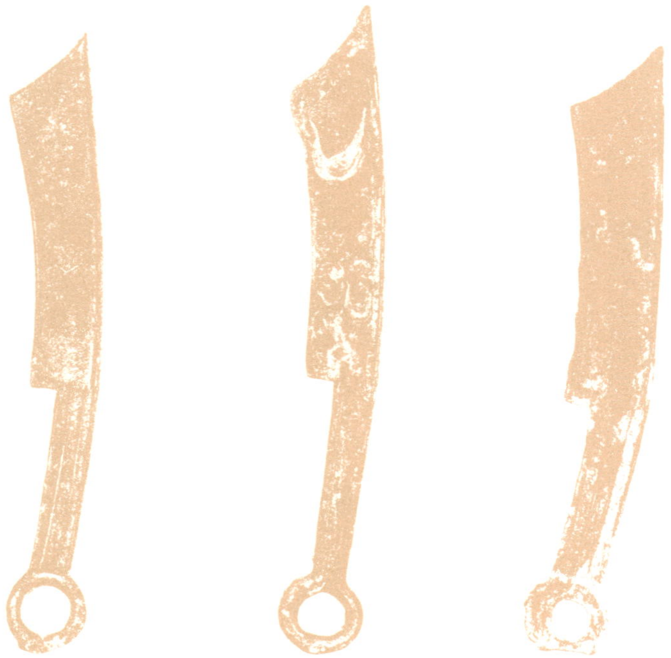

尖首刀

:: 战国（前475—前221）

:: 长14.9～15.2厘米

:: 天津博物馆藏

Knife coins

Warring States Period (475 BC – 221 BC)

Length: 14.9 – 15.2cm

Collected by Tianjin Museum

明刀

:: 战国（前475—前221）

:: 长13.8～14.2厘米

:: 天津博物馆藏

Knife coins

Warring States Period (475 BC – 221 BC)

Length: 13.8 – 14.2cm

Collected by Tianjin Museum

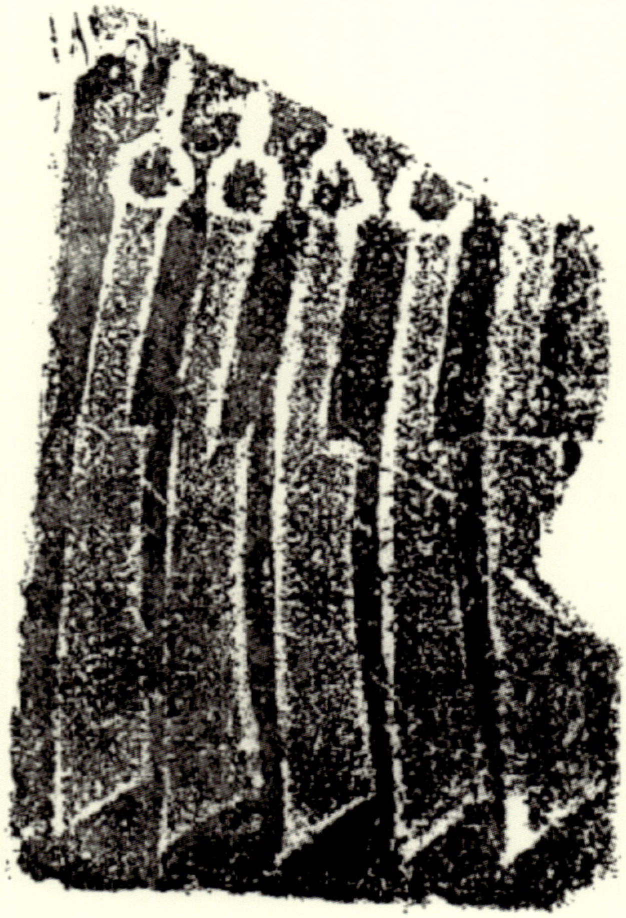

河北省易县燕下都遗址出土燕国尖首刀币陶范

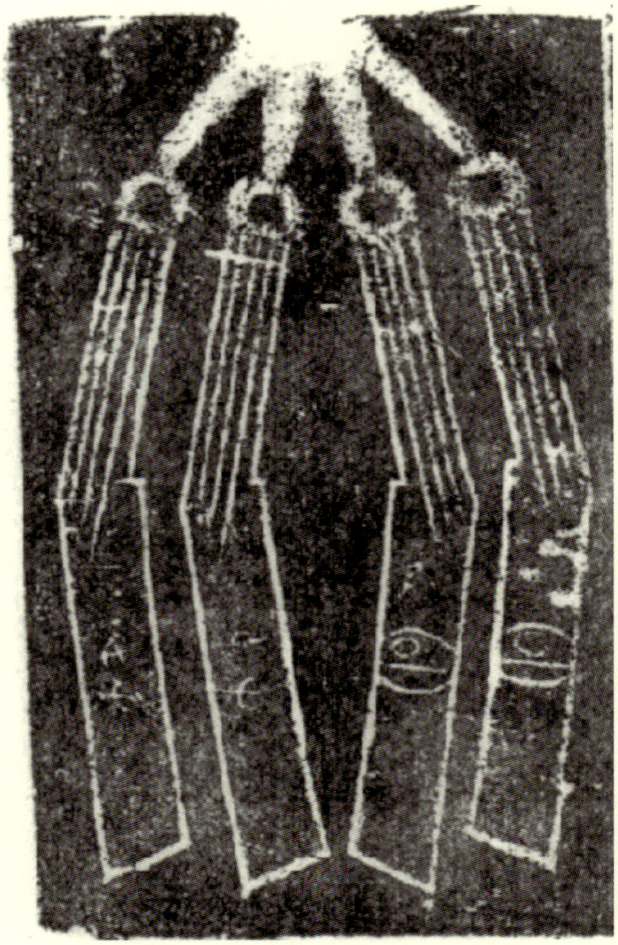

河北省易县燕下都遗址出土燕国明刀币陶范

圜钱是战国末期受秦国影响而铸造的货币，主要有一化和明化两种。

一化
::战国（前475—前221）
::[左]径1.85厘米
::[右]径1.9厘米
::天津博物馆藏

***Yihua* coins**

Warring States Period (475 BC – 221 BC)
[Left] Diameter: 1.85cm
[Right] Diameter: 1.9cm
Collected by Tianjin Museum

明化
::战国（前475—前221）
::[左]径2.45厘米
::[右]径2.5厘米
::天津博物馆藏

***Minghua* coins**

Warring States Period (475 BC – 221 BC)
[Left] Diameter: 2.45cm
[Right] Diameter: 2.5cm
Collected by Tianjin Museum

Part IV Integration and Expansion

Lying in an area of transition between the farming culture of the Central Plains and the nomadic culture of the North prairie, the geographical position of the Yan territory played an important part in defining the outlook and process of Yan culture. This influence had various manifestations from the Western Zhou Dynasty to the Warring States Period. At the outset of the foundation of the country and its early development, when it faced both confrontation and conflict between the farming and nomadic cultures, the rulers of the Yan State adopted a diplomatic policy by adapting to local conditions and absorbing and integrating farmers and nomads. Despite this, literature shows that the Yan State was a weak country at the end of the Spring and Autumn Period. It was not until the middle of the Warring States Period that King Yanzhao led the country to work vigorously towards revitalization. General Qinkai of the Yan State effectively vanquished the Northern barbarian tribes, and thereafter Yan culture rapidly expanded in the Liaodong and Liaoxi regions. By both inclusion and military expansion, ethnic integration and unification was finally achieved in the Yan territory.

第四部分

融合扩张

∷幽燕地区处在中原农耕文化与北方游牧文化的过渡地带，其特殊的地理位置和自然环境对燕文化面貌的形成和发展历程产生了重要影响。在燕文化初步发展的西周时期，幽燕地区存在着土著文化与北方草原游牧文化。燕国统治者因地制宜，采取包容与融合的政策。从文献中『山戎病燕』的记载可以看出，春秋时期，在与游牧文化的对立中，燕国处于弱势地位。战国时期，燕国逐步走上振兴之路。秦开却胡有效地打击了东胡势力，使得燕文化在辽西、辽东地区迅速扩张。无论是兼容并蓄还是武力扩张，都对幽燕地区的民族融合和文化统一做出了重要贡献。

壹　文化融合

西周时期，燕国的统治中心主要在今北京西南一带。周边比较重要的文化主要是燕南地区的张家园上层土著文化和北方草原地区的游牧文化。燕文化以宗周礼制文化为基础，不断吸收、融合土著文化和游牧文化因素，逐步发展壮大，并形成了独特的文化风貌。

张家园上层文化

张家园上层文化以天津蓟州区张家园遗址命名，主要分布在燕山南麓、太行山北段以东的平原地带，在北京房山的琉璃河、镇江营、塔照和河北易县、张家口及滦河流域都有分布。该文化的典型器物为口沿饰附加堆纹的高领鬲。

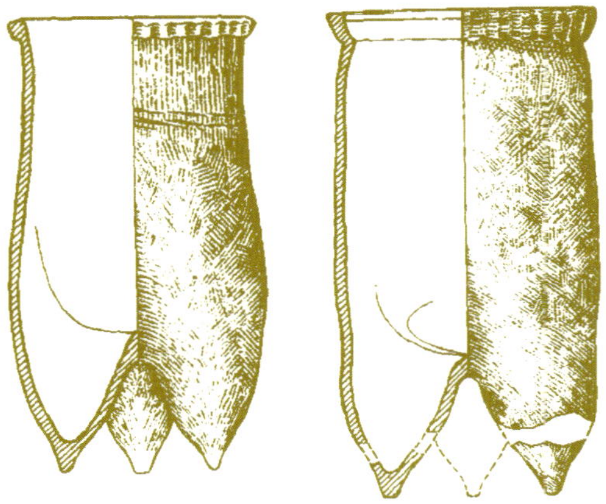

北京市房山区镇江营遗址出土高领附加堆纹筒腹鬲

陶鬲

:: 西周早期（前11世纪中期—前10世纪中期）

:: 通高47.5厘米，口径32.0厘米

:: 天津市蓟州区青池遗址出土

:: 元明清天妃宫遗址博物馆藏

◎ 夹砂红褐陶。口微侈，叠唇，高领，深腹，实足。饰交叉粗绳纹。这是张家园上层文化中比较典型的陶鬲形制。

Pottery *Li* vessel

Early Western Zhou Dynasty (Mid-11th century BC – mid-10th century BC)

Height: 47.5cm | top diameter: 32.0cm

Excavated from the Qingchi site in Jizhou District, Tianjin

Collected by Yuan Ming Qing Tianfei Palace Heritage Site Museum

1975年，北京市昌平区白浮村发现一处西周中期墓地，随葬品虽以中原周文化因素为主要特征，但出土的鹰首刀、马首短剑、蘑菇首短剑、铃首刀等器物具有强烈的北方草原文化色彩。这是燕文化吸收、融合周边民族文化的一个很好的例证。

兀戟

::西周（前11世纪中期—前771年）
::长19.5厘米，宽21.5厘米
::北京市昌平区白浮村出土
::首都博物馆藏

◎上端为一前锋微弯的长刀形。中段分出戈援，中央起脊，下连长胡，有两穿。直内，内上有一穿。内上铸有铭文『兀』字。

Bronze halberd

Western Zhou Dynasty (Mid-11th century BC – 771 BC)
Length: 19.5cm | width: 21.5cm
Excavated from Baifu village in Changping District, Beijing
Collected by Capital Museum

短剑

:: 西周（前11世纪中期—前771年）
:: 长25.5厘米，宽3.5厘米
:: 北京市昌平区白浮村出土
:: 首都博物馆藏

◎ 剑身呈柳叶状，较为狭窄，中央起脊，双面刃，条形剑格，扁圆形剑柄，柄中空，一侧有细长条状镂孔。剑首前端呈半圆形，无纹饰。从形制上看，此剑为北方游牧民族使用的防御武器。

Dagger

Western Zhou Dynasty (Mid-11th century BC – 771 BC)
Length: 25.5cm | width: 3.5cm
Excavated from Baifu village in Changping District, Beijing
Collected by Capital Museum

马首短剑

:: 西周（前11世纪中期—前771年）
:: 长33.5厘米，宽4.4厘米，厚2.0厘米
:: 北京市昌平区白浮村出土
:: 首都博物馆藏

◎剑身呈柳叶状，脊不明显，略微隆起，两面刃，刃较窄，条状剑格。扁圆形剑柄，柄中空，柄一侧有细长条状镂孔，中空，首端作马首形。

Dagger with a horse's head handle

Western Zhou Dynasty (Mid-11th century BC – 771 BC)
Length: 33.5cm | width: 4.4cm | thickness: 2.0cm
Excavated from Baifu village in Changping District, Beijing
Collected by Capital Museum

象首足鬲

:: 西周（前11世纪中期—前771年）
:: 通高15.5厘米，口径12.9厘米
:: 北京市房山区琉璃河遗址出土
:: 首都博物馆藏

◎ 口沿外侈，直立耳微外撇，束颈，分裆袋足，足根为圆柱形。三个袋足上各饰一对象眼，象鼻下垂为鬲足。此器造型简洁，朴素无华。

_Li_ vessel decorated with an elephant's head and feet

Western Zhou Dynasty (Mid-11th century BC – 771 BC)
Height: 15.5cm | top diameter: 12.9cm
Excavated from the Liulihe site in Fangshan District, Beijing
Collected by Capital Museum

三鹿铜鼎

∷ 战国（前475—前221）
∷ 通高17.9厘米，口径10.3厘米
∷ 北京顺义区龙湾屯公社采购站拣选
∷ 北京市文物研究所藏

◎ 敛口，深腹，圜底，腹上部两侧置外撇附耳，高蹄足，微圜顶盖，顶盖中心置一方环形钮，外围高浮雕三个昂首卧鹿。鹿身似有梅花状的圈点。盖顶与腹部皆饰相向顾首龙纹一周，腹部龙纹之下饰一周菱形纹，耳端面饰兽面纹，足跟部浮雕兽面。此鼎盖上高浮雕的装饰风格为燕国所特有。

Bronze *Ding* vessel decorated with three deer

Warring States Period (Mid-11th century BC – 771 BC)
Height: 17.9cm | top diameter: 10.3cm
Selected from Purchasing Station at Longwantun Commune in Shunyi District, Beijing
Collected by Cultural Relics Institute of Beijing

双马首波浪纹青铜短剑

:: 战国（前475—前221）

:: 长25.0厘米，宽6.0厘米

:: 河北省文物研究所藏

◎ 剑身细长，尖刃锋利，中脊两侧各有一血槽。剑格做成相背的双马首形状。剑柄饰波浪纹，线条流畅。

Bronze dagger decorated with a double horse head and pattern

Warring States Period (Mid-11th century BC – 771 BC)

Length: 25.0cm | width: 6.0cm

Collected by Cultural Relics Institute of Hebei Province

胡人头像金饰件

:: 战国（前475—前221）
:: 长5.1厘米，宽3.5厘米
:: 河北省易县燕下都辛庄头M30出土
:: 河北省文物研究所藏

◎ 共出土九件，形制、纹样相同。纹饰为典型的胡人头像，头戴毡帽，弯眉圆目，高鼻阔口，两撇短须向上翘起。头两侧饰三层对称的连弧纹。背面有一竖桥形钮，钮两侧刻有记重铭文。

Gold piece with exotic motif

Warring States Period (475 BC – 221 BC)
Length: 5.1cm | width: 3.5cm
Excavated from M30, at the Xinzhuangtou of Yanxiadu site in Yi County, Hebei
Collected by Cultural Relics Institute of Hebei Province

神兽噬马纹金牌饰

:: 战国（前475—前221）
:: 河北省易县燕下都辛庄头M30出土
:: 河北省文物研究所藏

◎共出土五件，其中大者两件，小者三件。大者长11.8厘米，宽7.7厘米，重248克。小者长5.6厘米，宽约4.0厘米，重47～60克。整体均为长方形，板状，纹样相似，左右对称。正面四周饰绹纹。背面凹凸不平，有布纹。小者图案较大者简约。正面纹样为猛虎撕咬马的图案，虎的凶猛与马的无助形成鲜明对比，充满紧张的气氛。背面有两个横桥形钮。

Mythical creature swallowing horse figure gold medal

Warring States Period (475 BC – 221 BC)
Excavated from M30 at Xinzhuangtou of Yanxiadu site in Yi County, Hebei
Collected by Culture Relics Institute of Hebei Province

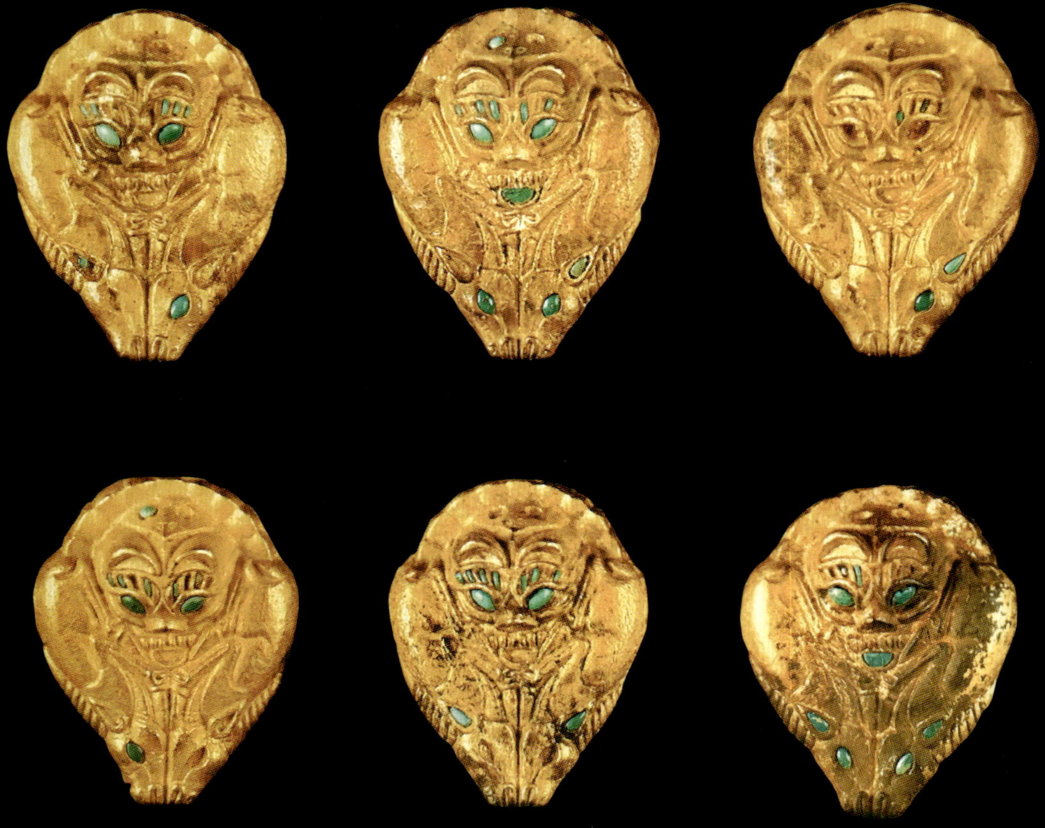

河北省易县燕下都辛庄头 M30 出土嵌绿松石熊样纹金饰件

◎ 共出土六件，形制、纹样相同。正面微鼓。整体略呈桃形，上端正中为熊首纹，向下对称雕饰有头相背的两个长角羊纹，羊前肢朝外，后肢蜷曲于画面正中。熊的眼、眉、口内和长角羊的眼、耳内均有镶嵌物，现已多处脱落。背面有一桥形钮，并刻有记重铭文。

贰　争霸七雄

战国时期，诸侯国之间兼并战争不断。燕国经历了曲折的复国之路。战国中期以后，燕昭王经过苦心经营，才逐步成就了燕国霸业。燕文化更是随着这一霸业的不断推进而迅速发展，并向外强势扩张。

子之之乱

公元前 318 年，燕王哙听信谗言，将国君之位让给大臣子之，并将燕国三百石以上官吏的印玺收回，交给子之，使众官吏听从其任用。子之为王三年，燕国国内大乱。齐国、中山国趁机出兵燕国。齐国占领燕国四年，掠夺了燕国的不少重器。这场国内、国外的斗争使燕国几乎亡国。

陈璋圆壶、方壶

战国（前475—前221）
江苏盱眙南窑庄出土
分别藏于南京博物院和美国宾夕法尼亚大学博物馆

陈璋圆壶

◎ 陈璋圆壶为双层套壶，颈部采用错金装饰。壶体内层轻薄，悬空。外层透雕镂空纹饰，蜷曲的蟠龙在弯曲处缀以梅花。共装饰蟠龙96条，梅花576朵。肩部镂空纹饰之上有一圈铜箍，四只伏兽与四个衔环兽面铺首相间分布，伏兽与衔环都通体装饰错金银纹饰，兽面铺首头部镶嵌绿松石。纹饰色彩亮丽，动物形象灵动。此器是先秦青铜铸造工艺的集大成之作。

◎ 陈璋圆壶上有三处铭文，分别位于口沿内、圈足内侧和圈足外侧。圈足外侧铭文为后刻，共29字，“隹王五年，奠昜（阳）陈旻，再立事岁，孟冬戎启，齐藏戈孑斿。陈璋内、伐匽（燕）邦之获。”该铭文可与陈璋方壶上的铭文相互印证，都记载了关于齐宣王五年（前315年）齐国趁燕国内乱伐燕并掠获燕国王室重器的事件。

陈璋方壶

◎ 陈璋方壶采用错金和嵌绿松石的技法，装饰有繁复精美的龙纹和凤纹。

中山三器

◎ 中山三器出土于河北平山县战国中山王厝墓，包括铁足大鼎、铜方壶、铜圆壶。三器都铸有长篇铭文，文字的书法艺术水平较高。三器铭文都提到了中山国趁燕国子之之乱时派相邦司马赒率军攻打燕国并占领燕地数百里的事件，并以此事告诫后世子孙。

卑身厚币　招贤纳士

公元前 311 年，燕昭王即位于燕国危亡之际，他励精图治，礼贤下士，与百姓同甘苦。此时乐毅、邹衍、剧辛等仁人志士纷纷至燕。经过二十多年的苦心经营，燕国殷富。

乐毅伐齐

为报父仇国耻，燕昭王二十八年（前 284 年），由燕国将领乐毅统率燕、赵、秦、韩、魏五国军队伐齐，直取齐都临淄，战争取得了巨大的胜利。

郾王兮戈

:: 战国（前475—前221）

:: 援长15.5厘米，胡长10.5厘米，内长9.0厘米

:: 河北省易县出土

:: 中国国家博物馆藏

Dagger Axe from the period of King Yan

Warring States Period (475 BC – 221 BC)

Length of *yuan*: 15.5cm | handle length: 10.5cm | inside length: 9.0cm

Excavated from Yi County, Hebei

Collected by National Museum of China

郾王『职』作铜戈

::战国（前475—前221）

::长25.0厘米

::河北省文物研究所藏

Dagger axe

Warring States Period (475 BC – 221 BC)

Length: 25.0cm

Collected by Cultural Relics Institute of Hebei Province

郾王『戎人』作铜戈

::战国（前475—前221）

::长27.0厘米

::河北省文物研究所藏

Dagger axe

Warring States Period (475 BC – 221 BC)

Length: 27.0cm

Collected by Cultural Relics Institute of Hebei Province

郾王『咢』造铜戈

:: 战国（前475—前221）

:: 长26.0厘米

:: 河北省文物研究所藏

Dagger axe

Warring States Period (475 BC – 221 BC)

Length: 26.0cm

Collected by Cultural Relics Institute of Hebei Province

十四年戈

∷战国（前475—前221）
∷援长16.5厘米，胡长9.8厘米，内长9.7厘米
∷河北省易县出土
∷中国国家博物馆藏

Dagger axe

Warring States Period (475 BC – 221 BC)
Length of *yuan*: 16.5cm | handle length: 9.8cm | inside length: 9.7cm
Excavated from Yi County, Hebei
Collected by National Museum of China

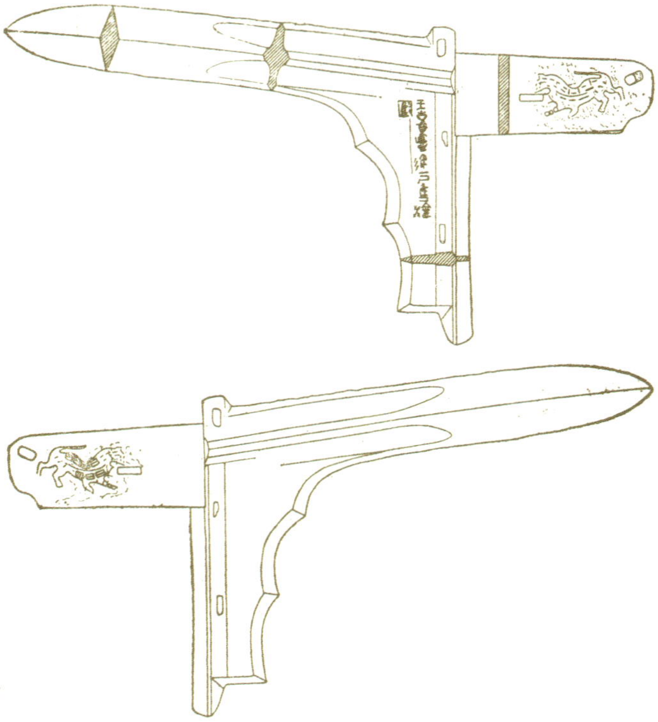

燕王喜造御司马鍨铜戈

::战国（前475—前221）

::通长27.0厘米

::河北省易县燕下都遗址出土

::易县燕下都文物保管所藏

Bronze dagger axe

Warring States Period (475 BC – 221 BC)

Length: 27.0cm

Excavated from Yanxiadu site in Yi County, Hebei

Collected by Yanxiadu Cultural Relics Depository, Yi County

铜矛

∷战国（前475—前221）
∷河北易县燕下都遗址采集
∷河北省文物研究所藏

Bronze spear

Warring States Period (475 BC – 221 BC)
Acquired from Yanxiadu site in Yi County, Hebei
Collected by Cultural Relics Institute of Hebei Province

铜剑

::战国（前475—前221）
::通长40.5厘米
::天津市商家岑子出土
::天津博物馆藏

Bronze sword

Warring States Period (475 BC – 221 BC)
Length: 40.5cm
Excavated from Shangjiacenzi, Tianjin
Collected by Tianjin Museum

战国时期，处于社会大变革和军事大变革的阶段。由于与北方游牧民族的相邻和不断斗争，燕国军事变革更为急速，主要体现在两个方面：一方面是以车战为主体向以步兵为主体演变，另一方面是作战武器由青铜兵器向铁兵器转化。在燕下都及其他燕文化遗址都发现较多的铁兵器。

铁矛

∷战国（前475—前221）
∷长44.0厘米
∷河北省易县燕下都遗址出土
∷易县燕下都文物保管所藏

Iron spear

Warring States Period (475 BC – 221 BC)
Length: 44.0cm
Excavated from Yanxiadu site in Yi County, Hebei
Collected by Yanxiadu Cultural Relics Depository, Yi County

铁剑

∷战国（前475—前221）
∷长114.0厘米
∷河北省易县燕下都遗址出土
∷易县燕下都文物保管所藏

Iron sword

Warring States Period (475 BC – 221 BC)
Length: 114.0cm
Excavated from Yanxiadu site in Yi County, Hebei
Collected by Yanxiadu Cultural Relics Depository, Yi County

错金铜弩机

:: 战国（前475—前221）

:: 长15.5厘米，宽11.4厘米，高2.5厘米

:: 河北省易县燕下都遗址出土

:: 易县燕下都文物保管所藏

Bronze crossbow trigger inlaid with gold

Warring States Period (475 BC – 221 BC)

Length: 15.5cm | width: 11.4cm | height: 2.5cm

Excavated from Yanxiadu site in Yi County, Hebei

Collected by Yanxiadu Cultural Relics Depository, Yi County

铁甲片

:: 战国（前475—前221）
:: 宽5.8～6.8厘米，高4.3～6.7厘米
:: 河北省易县燕下都遗址出土
:: 易县燕下都文物保管所藏

Iron armour plates

Warring States Period (475 BC – 221 BC)
Width: 5.8 – 6.8cm | height: 4.3 – 6.7cm
Excavated from Yanxiadu site in Yi County, Hebei
Collected by Yanxiadu Cultural Relics Depository, Yi County

铜镞

:: 战国（前475—前221）
:: 元明清天妃宫遗址博物馆藏

Bronze arrowhead

Warring States Period (475 BC – 221 BC)
Collected by Yuan Ming Qing Tianfei Palace Heritage Site Museum

铁镞

:: 战国（前475—前221）
:: ［左］通长9.5厘米
:: ［右］通长5.0厘米
:: 元明清天妃宫遗址博物馆藏

Iron arrowhead

Warring States Period (475 BC – 221 BC)
[Left] Length: 9.5cm
[Right] Length: 5.0cm
Collected by Yuan Ming Qing Tianfei Palace Heritage Site Museum

河北省易县燕下都遗址出土的铁胄

秦开却胡

《史记·匈奴列传》记载：燕昭王时，“燕有贤将秦开，为质于胡，胡甚信之。归而袭破走东胡，东胡却千余里。……燕亦筑长城，自造阳至襄平。置上谷、渔阳、右北平、辽西、辽东郡以拒胡”。

内蒙古奈曼旗土城子燕北长城遗址

河北徐水燕南长城遗址

战国时期燕国疆域图

第榆树市
拉林河
牡丹江市
肃
伊通河
农安
秽
二松花江
长春市
吉林市
慎
敦化市
牡丹江
招苏台河
四平市
辽源市
桦甸市
第二松花江
图们市
图们江
辉发河
发
辽河
开原市
柳河
抚松
二道白河
白山市
抚顺市
燕
通化市
长白朝鲜族自治县
太子河
本溪市
浑江
集安市
长津江
虚川江
长
宽甸满族自治县
鸭绿江
朝
东
城
丹东市
郡
清川江
大同江
鸭绿江口
东朝鲜湾
西朝鲜湾
平壤
鲜
临津江
首尔
汉江
江华湾
韩
海
国
图例
燕 蓟 诸侯(大国)国名和国都
杞 淳于 诸侯(小国)国名和国都（数字表示变迁顺序）
安平 诸侯所封的封君
巨鹿 城邑
今首都
今省级政府驻地
今市级政府驻地
今县级政府驻地
今国界
今停火线
古湖泊及河流
今湖泊及河流
燕国区域示意范围

荆轲刺秦王

公元前 228 年，秦将王翦攻破赵国，兵临易水。燕太子丹对燕国的存亡深感焦虑，派义士荆轲等赴秦刺杀秦王，以荆轲失败被杀告终。荆轲重义轻生、舍身为国的品质被后世传为佳话。

公元前 222 年，秦将王贲率兵歼灭辽东的燕军，俘虏燕王喜，燕国灭亡。

荆轲刺秦王画像石拓片（山东嘉祥武氏祠）

公元前221年，秦剪灭六国，建立统一的中央集权国家，在原燕国范围内设立广阳、渔阳、右北平、辽西、辽东五郡。

Conclusion

The northern and southern regions of the Yan Mountain are the melting pot of the Chinese ethnicity. The Yan territory had long been a place of multiple ethnic groups, where ethnic groups and cultures had strong and distinctive manifestation. As an important gateway connecting North China Plain and the Northeast region, this area was the intersection where the Central Plain culture, the northern grassland culture and the multiple ethnic cultures in the northeastern region. The Yan cultures in Yan territory which were based on the Yan State became an important position of national fusion, which promoted the gradual integration of the northern and northeastern ethnic cultures into the united cultures of China, making them one of the integral parts of China as a united multi-ethnic country.

结语

∷燕山南北地区是中华民族的一个大熔炉。燕地历来是多民族聚居之地，民族与文化在此地表现得色彩斑斓。作为华北平原通向东北地区的重要通道，这一地区也成为中原文化与北方草原文化和东北地区各民族文化的交汇之处。燕国的建立、燕文化的发展，使其成为民族融合的重要阵地；北方和东北地区的民族文化逐步融入中国统一的文化之中，成为以华夏为主体的统一的多民族国家不可或缺的一部分。

燕国大事记

时　间	燕国大事
前11世纪	周王封召公奭于燕，其子克就封，为第一世燕侯。
前864	燕惠侯元年，燕国历史自此有纪年可考。
前697—前691	燕桓侯迁都临易。
前664—前663	山戎侵燕，齐桓公攻山戎救燕，至孤竹还。燕庄公送齐桓公出境入于齐地，齐桓公割燕君所至之地归燕。
前545	城濮之战后，晋国称霸。燕懿公等朝于晋。
前539	燕惠公欲立宠姬宋，遭大夫攻杀出奔齐国。
前536	齐、晋联合伐燕，将纳燕惠公。
前475	战国时期开始，燕国逐渐强盛，成为战国七雄之一。
前380	齐康公攻燕，取桑丘。韩、赵、魏救燕，败齐于桑丘。
前373	燕败齐师于林营。
前356	燕文公与赵成侯会于阿。
前333	燕文公卒，齐伐燕，取十城。
前323	燕参与五国相王以抗秦。燕易公称王。
前318	燕与三晋、楚合纵攻秦，秦人出兵逆之，五国之师败走。燕王哙禅位子之。
前315—前314	子之为王三年，国内大乱，将军市被、太子平谋攻子之，事败被杀。齐、中山国伐燕，攻破燕都，燕王哙与子之被杀。
前311	燕昭王即位，卑身厚币以招贤纳士，乐毅、邹衍等入燕。
前295	赵武灵王与齐、燕共灭中山。
前284	燕以乐毅为上将军，与赵、魏、韩、秦五国攻齐，齐师大败。燕师攻入齐都临淄，齐愍王出亡。
前279	燕昭王卒。燕惠王中齐反间计，以骑劫代乐毅。齐将田单破燕复国。
前251	燕乘赵长平惨败之机，出兵攻赵。赵将廉颇大破燕军并围攻燕都，燕割城求和。
前232	燕太子丹质于秦，自秦逃回燕国。
前228—前227	秦兵临易水。燕太子丹派荆轲至咸阳宫，刺秦王不中，荆轲被杀。
前226	秦将王翦取燕都蓟城，燕王喜与太子丹走保辽东。燕王喜杀太子丹以献秦王，秦遂罢兵。
前222	秦将王贲攻取辽东，俘虏燕王喜。燕国亡。

注：本表参考彭华《燕国史稿》一书中燕国大事年表部分。

主要参考资料

图书：

1. ［汉］司马迁：《史记·燕召公世家》，《史记·货殖列传》，中华书局，2009年。
2. 缪文远等译注：《战国策》，中华书局，2007年。
3. 杨宽：《西周史》，上海人民出版社，2003年。
4. 顾德融、朱顺龙：《春秋史》，上海人民出版社，2001年。
5. 杨宽：《战国史》，上海人民出版社，2003年。
6. 陈平：《燕史纪事编年会按》，北京大学出版社，1995年。
7. 郭大顺、张星德：《东北文化与幽燕文明》，凤凰出版社，2004年。
8. 陈平：《燕文化》，文物出版社，2006年。
9. 陈平：《北方幽燕文化研究》，群言出版社，2006年。
10. 张长寿、殷玮璋：《中国考古学·两周卷》，中国社会科学出版社，2004年。
11. 北京市文物研究所：《镇江营与塔照——拒马河流域先秦考古文化的类型与谱系》，中国大百科全书出版社，1999年。
12. 宋大川：《北京考古发现与研究（1949—2009）》，科学出版社，2009年。
13. 北京市文物研究所：《琉璃河西周燕国墓地1973—1977》，文物出版社，1995年。
14. 北京市文物研究所：《北京考古四十年》，北京燕山出版社，1990年。
15. 天津市文化遗产保护中心：《天津考古（一）》，科学出版社，2013年。
16. 张智勇：《北京考古史·夏商西周卷》，上海古籍出版社，2012年。
17. 王继红：《北京考古史·东周卷》，上海古籍出版社，2012年。
18. 河北省文物研究所：《燕下都》，文物出版社，1996年。
19. 彭华：《燕国八百年》，中华书局，2018年。
20. 河北博物院：《慷慨悲歌　燕赵故事》，文物出版社，2015年。
21. 刘绪：《夏商周考古探研》，科学出版社，2014年。
22. 北京市文物研究所：《北京段考古发掘报告集》，科学出版社，2008年。
23. 北京市文物研究所、北京市昌平区文化委员会：《昌平张营——燕山南麓地区早期青铜文化遗址发掘报告》，文物出版社，2007年。
24. 山西省考古研究所、山西博物院、首都博物馆：《呦呦鹿鸣——燕国公主眼里的霸国》，科学出版社，2014年。
25. 谭其骧：《中国历史地图集》（第一册），中国地图出版社，1996年。
26. 首都博物馆、天津博物馆、河北博物院：《地域一体　文化一脉——京津冀历史文化》，科学出版社，2015年。
27. 《图说中国历史·夏商西周》，中国地图出版社，2014年。
28. 天津博物馆：《天津博物馆藏青铜器》，文物出版社，2018年。
29. 辽宁省文物考古研究所：《辽海记忆——辽宁考古六十年重要发现（1954—2014）》，辽宁人民出版社，2014年。

论文：

1. 中国社会科学院考古研究所、北京市文物研究所、琉璃河考古队：《北京琉璃河1193号大墓发掘简报》，《考古》1990年第1期。

2. 琉璃河考古队：《琉璃河遗址1996年度发掘简报》，《文物》1997年第6期。
3. 北京大学考古学系、北京市文物研究所：《1995年琉璃河周代居址发掘简报》，《文物》1996年第6期。
4. 刘绪、赵福生：《琉璃河遗址西周燕文化的新认识》，《文物》1997年第4期。
5. 赵福生、刘绪：《试论西周燕文化与张家园上层文化类型》，《北京文博》1998年第1期。
6. 中国社会科学院考古研究所、北京市文物工作队、琉璃河考古队：《1981—1983年琉璃河西周燕国墓地发掘简报》，《考古》1984年第5期。
7. 北京市文物研究所、北京大学考古学系：《1995年琉璃河遗址墓葬区发掘简报》，《文物》1996年第6期。
8. 北京市文物研究所、北京大学考古文博学院、中国社会科学院考古研究所：《1997年琉璃河遗址墓葬发掘简报》，《文物》2000年第11期。
9. 楼朋林：《琉璃河遗址2001年度西周墓葬发掘简报》，载《北京文物与考古》（第5辑），北京燕山出版社，2002年。
10.北京市文物研究所：《琉璃河遗址新发掘的西周墓葬》，载《2002中国重要考古发现》，文物出版社，2003年。
11.北京市文物管理处：《北京地区的又一重要考古收获——昌平白浮西周木椁墓的新启示》，《考古》1976年第4期。
12.张长寿：《西周墓葬的分区研究》，载《新中国的考古发现和研究》，文物出版社，1984年。
13.李维明：《北京昌平白浮墓地分析》，《北京文博》2000年第3期。
14.天津博物馆、天津市文化遗产保护中心：《天津蓟县青池遗址发掘报告》，《考古学报》2014年第2期。
15.天津市历史博物馆考古部：《1979—1989年天津文物考古新收获》，载《文物考古工作十年（1979—1989）》，文物出版社，1991年。
16.韩嘉谷等：《蓟县邦均西周时期遗址和墓葬》，载《中国考古学年鉴1987》，文物出版社，1988年。
17.赵文刚等：《蓟县邦均周代遗址》，载《中国考古学年鉴1988》，文物出版社，1989年。
18.北京市文物管理处写作小组：《北京地区的古瓦井》，《文物》1972年第2期。
19.北京市文物管理处：《北京又发现燕饕餮纹半瓦当》，《考古》1980年第2期。
20.北京市文物研究所拒马河考古队：《北京市窦店古城调查与试掘报告》，《考古》1992年第8期。
21.天津市文化遗产保护中心：《蓟县南城子遗址试掘》，载《天津考古（一）》，科学出版社，2013年。
22.赵文刚等：《蓟县辛西战国、汉、辽墓葬》，载《中国考古学年鉴1990》，文物出版社，1991年。
23.纪烈敏：《宝坻县秦城遗址》，载《中国考古学年鉴1991》，文物出版社，1992年。
24.北京市文物工作队：《北京房山县考古调查简报》，《考古》1963年第3期。
25.北京市文物研究所：《北京市东阎村战国灰坑发掘简报》，《文物春秋》2011年第2期。
26.天津市文物管理处：《天津北仓战国遗址清理简报》，《考古》1982年第2期。
27.天津市文化局考古发掘队：《天津南郊巨葛庄战国遗址和墓葬》，《考古》1965年第1期。
28.北京市文物工作队：《北京怀柔城北东周两汉墓葬》，《考古》1962年第5期。
29.北京市文物工作队：《北京昌平半截塔村东周和两汉墓》，《考古》1963年第3期。
30.北京市文物管理处：《北京丰台区出土战国铜器》，《文物》1978年第3期。

31.程长新:《北京市通县中赵甫出土一组战国青铜器》,《考古》1985年第8期。
32.程长新:《北京市顺义县龙湾屯出土一组战国青铜器》,《考古》1985年第8期。
33.苏天钧:《北京昌平区松园村战国墓葬发掘记略》,《文物》1959年第9期。
34.天津市历史博物馆考古队、宝坻县文化馆:《天津宝坻县牛道口遗址调查发掘简报》,《考古》1991年第7期。
35.天津市文物组、天津市历史博物馆联合发掘组:《天津东郊发现战国墓简报》,《文物参考资料》1957年第3期。
36.天津市文化局考古发掘队:《天津东郊张贵庄战国墓第二次发掘》,《考古》1965年第2期。
37.王克林:《北京西郊中关园内发现瓮棺葬》,《文物参考资料》1955年第11期。
38.胡传耸:《东周燕文化与周边考古学文化的关系研究(上)》,《文物春秋》2007年第1期。
39.胡传耸:《东周燕文化与周边考古学文化的关系研究(下)》,《文物春秋》2007年第2期。
40.天津市文化局考古发掘队:《渤海湾西岸古文化遗址调查》,《考古》1965年第2期。
41.热河省博物馆筹备组:《热河凌源县海岛营子村发现的古代青铜器》,《文物》1955年第8期。
42.辽宁省博物馆、朝阳地区博物馆:《辽宁喀左县北洞村发现殷代青铜器》,《考古》1973年第4期。
43.喀左县文化馆、朝阳地区博物馆、辽宁省博物馆:《辽宁省喀左县山湾子出土殷周青铜器》,《文物》1977年第12期。
44.敖承隆、李晓东:《河北省怀来县北辛堡出土的燕国铜器》,《文物》1964年第7期。
45.刘来成:《河北怀来北辛堡战国墓》,《考古》1966年第5期。
46.唐山市文物管理所:《河北迁西县大黑汀战国墓出土铜器》,《文物》1992年第5期。
47.顾铁山、郭景斌:《河北省迁西县大黑汀战国墓》,《文物》1996年第3期。
48.安志敏:《河北怀来大古城村古城址调查记》,《考古通讯》1955年第3期。
49.刘建华:《张家口地区战国时期古城址调查发现与研究》,《文物春秋》1993年第4期。
50.石永士、王素芳:《燕国货币的发现与研究》,载《中国钱币论文集》(第二辑),中国金融出版社,1992年。
51.冯时:《堇鼎铭文与召公养老》,《考古》2017年第1期。
52.冯时:《周初二伯考——兼论周代伯老制度》,《中原文化研究》2018年第2期。
53.周晓陆:《盱眙所出重金络·陈璋圆壶读考》,《考古》1988年第3期。

附 录

“幽燕长歌——燕国历史文化展”展览设计图

方城邑

后记

经秦始皇帝陵博物院与天津博物馆一年多的精心筹备，在秦始皇帝陵博物院举办的“东周时期区域文化系列展”的又一力作——“幽燕长歌——燕国历史文化展”于 2019 年 7 月底公开展出，展期 3 个月。

在筹备“幽燕长歌——燕国历史文化展”的同时，我们还编辑出版了展览的同名图录。一个好的展览，其生命不应随着撤展而结束。我们出版的这图录，将精美的展品和相关研究成果记录下来，作为燕国历史文化的研究资料，不仅能令亲临现场的观众长久回味，更能给无缘亲临现场的人们带来无限意趣。

展览的筹备和图录的出版，得到了中国国家博物馆、首都博物馆、北京市文物研究所、元明清天妃宫遗址博物馆、河北省文物研究所、河北博物院和易县燕下都文物保管所的大力支持。中国国家博物馆王春法馆长、首都博物馆黄雪寅副馆长、北京市文物研究所白岩所长、元明清天妃宫遗址博物馆梅鹏云馆长、河北省文物研究所张文瑞所长、河北博物院罗向军院长、易县燕下都文物保管所董亚非所长、易县博物馆方华馆长等都亲自指导了本次展览。首都博物馆和北京市文物研究所都将各自收藏的燕文物无偿借给我们展出。天津博物馆陈卓馆长是图录的学术顾问，多次给予指导，并为图录作序；天津博物馆钱铃副馆长多次对展览大纲的策划和图录的编写提出宝贵的指导意见，并协调天津两家单位的文物照相等事宜，为展览和图录的完成提供了极大帮助；天津博物馆办公室周晓丁主任和器物部徐春苓主任多次就展览及图录的相关事宜进行沟通协调，徐主任对大纲的策划和图录的编写给予了指导，为本次展览的成功策展和图录的出版全力以赴。天津博物馆黄娟博士为图录撰写了《京津地区燕文化的考古发现》。河北省文物研究所张晓峥研究员为图录撰写了《河北燕文化综述》。这两篇论文为图录的学术价值增加了分量。天津博物馆陈卓馆长和河北省文物研究所胡金华主任审阅了展览的陈列内容方案和图录文稿。